***ACCESO GRATIS** a la Lectura en la Nube*

Para visualizar el libro electrónico en la nube de lectura envíe junto a su nombre y apellidos una fotografía del código de barras situado en la contraportada del libro y otra del ticket de compra a la dirección:

ebooktirant@tirant.com

En un máximo de 72 horas laborales le enviaremos el código de acceso con sus instrucciones.

VIOLENCIAS Y JUVENICIDIOS:
ANÁLISIS PARA SU COMPRENSIÓN

VIOLENCIAS Y JUVENICIDIOS: ANÁLISIS PARA SU COMPRENSIÓN

JUAN CARLOS AYALA BARRÓN
ILIANA DEL ROCÍO PADILLA REYES
Coordinadores

tirant lo blanch
Ciudad de México, 2024

En caso de erratas y actualizaciones, la Editorial Tirant lo Blanch México publicará la pertinente corrección en la página web www.tirant.com/mex/

Este libro será publicado y distribuido internacionalmente en todos los países donde la Editorial Tirant lo Blanch esté presente.

© EDITA: TIRANT LO BLANCH
DISTRIBUYE: TIRANT LO BLANCH MÉXICO
Av. Tamaulipas 150, Oficina 502
Hipódromo, Cuauhtémoc
CP 06100, Ciudad de México
Telf: +52 1 55 65502317
infomex@tirant.com
www.tirant.com/mex/
www.tirant.es
ISBN: 978-84-1197-144-7
ISBN UAS 978-607-737-406-0
MAQUETA: Disset Ediciones

Si tiene alguna queja o sugerencia, envíenos un mail a: *atencioncliente@tirant.com*. En caso de no ser atendida su sugerencia, por favor, lea en *www.tirant.net/index.php/empresa/politicas-de-empresa* nuestro procedimiento de quejas.

Responsabilidad Social Corporativa: http://www.tirant.net/Docs/RSCTirant.pdf

Índice

Introducción

Durante el 2019 se conformó un equipo de trabajo para estudiar los tipos de violencia a los que se enfrentan los jóvenes mexicanos, particularmente las relacionadas con los mercados ilícitos de las drogas. El grupo se propuso generar perspectivas críticas para comprender los escenarios sociales, políticos y culturales de las interacciones, afectaciones y resistencia de este sector de la población con el crimen organizado. Asimismo, se planteó la tarea de generar modelos para la intervención comunitaria.

Para integrar la propuesta, se realizaron distintos encuentros con personas que participan en la discusión pública sobre las violencias en México y, especialmente, en Sinaloa. En estas reuniones se compartieron reflexiones con activistas, representantes de la academia y de los medios de comunicación. También se establecieron diálogos con funcionarios y autoridades locales. Como resultado, se conformó el proyecto "Cultura, narcotráfico, violencia y juvenicidios en Sinaloa. Análisis para su comprensión, incidencia y transformación", con el cual se participó en la convocatoria FORDECYT 2019-11 "Proyectos nacionales de investigación e incidencia orientados al desarrollo de estrategias para contribuir a afrontar, prevenir y erradicar las violencias estructurales", del Consejo Nacional de Ciencia y Tecnología (CONACYT).

Esta investigación es el resultado de los trabajos de esa primera etapa del proyecto, donde se reúnen estudios que son aportes críticos para la investigación de la transversalidad de las violencias. En estos textos se analizan las experiencias de las juventudes en localidades donde el crimen organizado establece dinámicas violentas. Los textos son resultados de trabajos cualitativos en el estudio del feminicidio, la desaparición, el desplazamiento forzado, la exclusión y la narcocultura como dispositivo pedagógico.

La obra consta de ocho capítulos. En el primero se presenta los objetivos e interrogantes del proyecto, el cual se enfoca en la problemática del juvenicidio en la sociedad sinaloense, específicamente a través de las desapariciones, los desplazamientos forzados, el homicidio y el feminicidio, así como los cuatro retos que enfrenta el equipo de investigación: la falta de transparencia y opacidad en las estadísticas gubernamentales, etcétera.

En el segundo capítulo, de autoría de Ana Arán Sánchez, se describe cómo la estrategia de guerra contra el narcotráfico en México ha afectado a las comunidades de los pueblos originarios del norte del país, donde se cultiva drogas ilegales. Esta población ha sido víctima de décadas de racismo, discriminación y opresión. El estudio tiene como objetivo analizar las historias de vida de mujeres indígenas universitarias en relación con la violencia provocada por el crimen organizado en sus comunidades de origen. La investigación utiliza el método de historias de vida, enmarcado en el enfoque cualitativo y el paradigma interpretativo. Aquí se entrevistaron a seis informantes clave para conocer sus experiencias en torno a este fenómeno: dos tepehuanas del sur y cuatro tarahumaras.

En el tercer capítulo, Jessica Ayón Zúñiga presenta los resultados de una investigación sobre las representaciones sociales de un grupo de profesores en Sinaloa, México, acerca de los jóvenes desplazados forzados por violencia que asisten a sus clases. Los datos se recopilaron a través de entrevistas y cuestionarios, y se utilizaron técnicas de análisis de contenido y análisis del discurso argumentativo para analizar la información. El estudio permitió establecer un diagnóstico psicosocial de la situación de los jóvenes desplazados por violencia en Sinaloa, desde la perspectiva de los profesores.

Por su parte, José Raymundo Sandoval Bautista, en el cuarto capítulo, analiza el creciente problema de desapariciones de personas en Guanajuato, México, a partir de 2017, y cómo las familias de las víctimas comenzaron a organizarse en colectivos de búsqueda y participar en mesas de diálogo para impulsar cambios legislativos que permitan buscar a sus seres queridos con mayor facilidad. El artículo describe el proceso de organización de los colectivos y su lucha por lograr cambios legislativos durante la pandemia del COVID-19 en 2020.

En el quinto capítulo, David Sánchez Sánchez explora el papel del narcotráfico en la vida cotidiana de los jóvenes rurales en México. Debido a la inseguridad en torno al tema, los datos se recopilan a través de entrevistas exploratorias con jóvenes rurales y la observación de envolturas de productos en un espacio de socialización comunitaria. A través de esta clave metodológica, se analizan los significados de la basura y sus implicaciones en la vida cotidiana de los jóvenes que consumen o ven a sus pares consumir drogas. Se discuten las relaciones comunitarias e intergeneracionales, se problematizan los consumos de drogas y comida chatarra en un contexto rural marcado por el neoliberalismo, y se aborda la violencia inherente al tema a través de las voces de los jóvenes.

Hilda Salmerón, en el sexto capítulo, analiza la violencia que comete el Estado al no garantizar la seguridad de las mujeres violentadas y las activistas que actúan en su nombre. Se revisan conceptos teóricos y conceptuales como los derechos humanos, el contrato social y la ciudadanía para entender esta situación. Además, se examina la situación de violencia contra activistas que dan seguimiento a casos de feminicidios en seis estados donde se ha declarado la Alerta de Violencia de Género.

En el séptimo capítulo, José Mario Suárez Martínez, Karina Alexandra Gómez Garrido y Beiron Palacios Vidal presentan los hallazgos de una investigación que combina un análisis documental y una investigación empírica participativa con jóvenes y líderes comunitarios de Familias en Acción, en San Andrés Tumaco. La investigación revela que hay niveles de vulnerabilidad estructural y desigualdad en este sector, con un marcado énfasis étnico-racial relacionado con el conflicto armado colombiano. Además, hay una fuerte presencia de necropolítica ejercida por sujetos endriagos como guerrilleros y narcotraficantes que ponen a los jóvenes en una situación de riesgo y los llevan a una integración diferenciada por género. A pesar de estos desafíos, la investigación destaca la resiliencia y la resistencia de la comunidad.

Por último, en el texto de Esquivel y Espinoza es el resultado del trabajo realizado en el proyecto PRONACES 319127, el cual se concibió como un diálogo con los grupos de búsqueda en Sinaloa para crear un Sistema de Información sobre Desaparición Forzada que sirviera como herramienta para las tareas que realizan. La primera etapa de implementación, que consistió en talleres de mapeo colectivo y herramientas espaciales, confirmó la existencia de elementos de inteligencia territorial en las actividades y se enfatizó la importancia de la reflexión colectiva dentro de los grupos, los cuales están principalmente formados por mujeres y su auto-reconocimiento. El proceso de búsqueda y los obstáculos que enfrentan deben ser analizados mediante herramientas de representación espacial, y es crucial centrarse en las experiencias, conocimientos y dificultades de los procesos colaborativos, especialmente porque se encuentran lidiando con la dolorosa realidad de la desaparición forzada y su impacto tangible en el territorio.

Capítulo 1

Aportar a la comprensión de las violencias: la vocación de Culiacán

ILIANA DEL ROCÍO PADILLA REYES
JUAN CARLOS AYALA BARRÓN

Resumen

En este capítulo se presentan los objetivos e interrogantes que guiaron el planteamiento del proyecto Cultura, Narcotráfico, Violencia y Juvenicidios en Sinaloa. Análisis para su Comprensión, Incidencia y Transformación, que se desarrolla en esta entidad mexicana con el apoyo del programa FORDECYT 2019-11 Proyectos Nacionales de Investigación e Incidencia orientados al desarrollo de estrategias para contribuir a afrontar, prevenir y erradicar las violencias estructurales del Consejo Nacional de Ciencia y Tecnología (CONACYT). La investigación aborda la problemática del juvenicidio en la sociedad sinaloense, específicamente, a través de las desapariciones, los desplazamientos forzados, el homicidio y el feminicidio. El texto se centra en la relación entre los grupos de la delincuencia y la violencia en el estado; particularmente en cómo la economía informal del narcotráfico ha generado una cultura específica en torno al fenómeno de la violencia criminal, que se ha arraigado en la sociedad a lo largo de varias décadas. Como parte de las conclusiones, se destacan cuatro retos que enfrenta el equipo de investigación: la falta de transparencia y opacidad en las estadísticas, informes y referencias proporcionados por las dependencias gubernamentales; la influencia mediática que normaliza la violencia y la narcocultura; y los paradigmas éticos, económicos y ecológicos en la sociedad de Sinaloa relacionados con la producción, el tráfico y la capitalización de sustancias prohibidas. El texto sugiere que estos obstáculos pueden superarse mediante acciones específicas, como mejorar la capacitación del personal, desnormalizar la economía ilegal y trabajar directamente con las comunidades en un nivel cercano.

Palabras clave: narcotráfico, juvenicidio, violencia.

INTRODUCCIÓN

El valle de Culiacán es conocido a nivel internacional por su importante contribución a la producción agrícola en México, sin embargo, también es famoso por la representación que se ha dado en la cultura popular del narcotráfico y la violencia. Se ha retratado a Culiacán y a Sinaloa, en general, como un lugar donde se cultivan las drogas y donde los narcotraficantes y sus actividades ilícitas son comunes. También se ha estigmatizado a las mujeres con el apodo de *buchonas*, relacionándolas con el crimen organizado. Los eventos violentos durante las detenciones de Ovidio Guzmán, conocidos como los *culiacanazos* o Jueves negros (*El País*, 2021; BBC, 2023; *El Universal*, 2023), han reforzado esta etiqueta asociada con el narcotráfico.

El narco-espectáculo, como lo ha definido Romain Le Cour (2020), dio mucho material para las notas y comentarios de ocasión. Luego, como es usual, pasó el furor del momento y se durmió el asunto. En la soledad local, una vez que se van los reflectores de los grandes medios, los culiacanenses salieron del cautiverio para tomar de nuevo las calles. Las autoridades hicieron un llamado a la normalidad, a retomar las actividades cotidianas, a pesar de las evidentes heridas que provocó esa nueva ruptura en el orden conveniado: ese orden que los sinaloenses mencionan como "aquí es bien tranquilo, si sabes cómo comportarte". Nos referimos a un orden que se estructura en Sinaloa a través de los acuerdos entre los diferentes poderes formales y fácticos; algo que Creechan (2021) identifica como una relación simbiótica de conveniencias y complicidades, en la que cada tanto se presentan momentos de ruptura para redefinir los pactos.

Los dos eventos, desde nuestra perspectiva, significaron una ruptura en la manera como los sinaloenses interpretan su historia, su identidad y la cotidianidad en la relación directa e indirecta con actividades que derivan de los mercados ilícitos de las drogas. A partir del primer evento, el del 17 de octubre de 2019, surgieron diferentes reacciones en sectores de la sociedad sinaloense frente el terror de sentir que sus espacios pueden ser tomados por la fuerza de un momento a otro.

En respuesta a estos problemas, se han formado una variedad de iniciativas sociales comprometidas con el estudio-acción en campos donde se identifican los posibles cimientos de las violencias. Un equipo de académicos, colectivos de búsqueda, activistas, periodistas, estudiantes y jóvenes profesionistas se ha propuesto realizar un análisis transdisciplinario del juvenicidio en Sinaloa y su relación con las diversas violencias estructurales. El proyecto Cultura, narcotráfico, violencias y juvenicidios en Sinaloa. Análisis para su comprensión, incidencia y transformación fue reconocido como uno de los Proyectos Nacionales de Investigación e Incidencia para Contribuir a la Seguridad Humana por el CONACYT.

Culiacán es un lugar para construir interpretaciones críticas sobre la relación conflictiva con las drogas, en nuestro continente y en nuestro país. También es el sitio para reflexionar sobre la compleja construcción espacial e histórica de las violencias y de las resistencias. El proyecto de investigación se propone abordar estos temas desde una perspectiva crítica y local, y contribuir a la construcción de políticas públicas y modelos que sirvan como referencia para el trabajo en otras regiones con problemáticas comunes.

En este capítulo exponemos los objetivos y preguntas que guiaron el desarrollo del proyecto de investigación. Iniciamos con un apartado que realiza una descripción histórica del problema, en el cual se contextualiza la violencia en Sinaloa en la cultura y economía del narcotráfico que se ha desarrollado durante décadas. Se destaca la vinculación del crimen organizado con el juvenicidio, la desaparición, el desplazamiento forzado, el homicidio y el feminicidio, pero también con formas de violencias estructurales y estructurantes, como la exclusión y la estigmatización. En un segundo apartado, presentamos los objetivos, la metodología y las etapas que se contemplaron en el proyecto. Por último, concluimos con una reflexión sobre los obstáculos que enfrentamos como investigadores, mismo que se pueden superar mediante acciones específicas, como la mejora de la capacitación del personal y la colaboración directa con las comunidades en un nivel cercano.

PROPÓSITOS DE LA INVESTIGACIÓN

De acuerdo con los lineamientos del programa, este proyecto se propone dos objetivos generales: uno de investigación y otro de incidencia. El objetivo de investigación consiste en realizar un análisis transdisciplinario del juvenicidio en Sinaloa, en sus modalidades de homicidio de jóvenes, desplazamiento, desaparición forzada y feminicidios. Se plantea el estudio de las diversas violencias estructurales presentes en la vida de la juventud en Sinaloa, y las geografías de estas violencias en tres zonas, rurales y urbanas más pobladas en el estado de Sinaloa, correspondientes a los municipios de Culiacán, Mazatlán y Ahome (específicamente en las periferias suburbanas, núcleos de conflicto y comunidades rurales). Esto con la finalidad de identificar barrios, colonias, fraccionamientos y localidades donde se concentran las problemáticas que originan las violencias, diseñar planes de acción focalizados, y así alcanzar los objetivos de incidencia: implementar proyectos de intervención que incluyen actividades en trabajo horizontal con los colectivos, instituciones públicas y organizaciones participantes.

A su vez, el objetivo de incidencia está en diagnosticar y contribuir a la construcción de espacios que permitan una dinámica libre de violencia en donde los jóvenes pueden desarrollar actividades de integración, acompañamiento, lúdicas y recreativas, con la finalidad de generar redes juveniles para la integración de espacios donde se concentran, originan y refuerzan las violencias.

Consideramos que estas tareas son necesarias, puesto que las políticas públicas dirigidas a abordar la violencia que afecta e involucra a las juventudes a menudo presentan esfuerzos dispersos y no se centran en los lugares donde se originan estos fenómenos. Esto sucede, en parte, debido a la falta de diagnósticos locales que den pauta para la implementación de estrategias específicas.

Gran parte de los programas para atender y prevenir la violencia, cuando se basan en diagnósticos territoriales, se concentran en los indicadores de incidencia delictiva, es decir, las áreas o "puntos calientes" (*hot spots* en la literatura en inglés) donde ocurren los delitos. Aunque estos diagnósticos ofrecen una visión de la situación de seguridad, su alcance resulta insuficiente para identificar las complejas condiciones de violencia que impactan a las comunidades. Por ejemplo, en el diseño de estrategias de seguridad pocas veces se considera como un punto de partida el estudio de los barrios, colonias y comunidades donde habitan las juventudes que participan y se ven afectadas tanto por las actividades del crimen organizado, como por violencias estructurales que convergen y se refuerzan.

La propuesta plantea un análisis de la construcción de la violencia juvenecida en el ámbito social, y para esto se requiere una comprensión más amplia del fenómeno; una perspectiva que contemple otras manifestaciones violentas que no se expresan a través de un acto específico, sino mediante procesos indirectos que afectan la vida de las personas. Es por tal que, en el estudio del juvenicidio, se consideran las violencias estructurales y estructurantes, en tanto atraviesan las condiciones y las posibilidades de las juventudes.

También se consideran las posiciones de quienes participan e interactúan con la violencia; se observa a las juventudes como como agentes, cuyas acciones tienen significados fundamentados en sus historias, afectaciones e interpretaciones de la situación social. Es por eso que el estudio explora los significados subjetivos y colectivos de quienes interactúan, construyen y reproducen este fenómeno.

Con los propósitos antes descritos, el proyecto transdiciplinario explora las situaciones pasadas y presentes de la construcción de la violencia en las diferentes geografías del juvenicidio en Sinaloa. En el siguiente apartado se desarrollan algunos de los antecedentes de la compleja interacción de la sociedad sinaloense con los mercados ilícitos de las drogas y la consolidación de sus diferentes regiones.

RECONSTRUCCIÓN HISTÓRICA Y SITUADA DEL PROBLEMA

Para hablar de la violencia asociada a la actividad de los grupos delincuenciales en Sinaloa es necesario contextualizar un proceso histórico, social y cultural, construido por los sinaloenses y sus instituciones alrededor de la economía informal del narcotráfico, esto a lo largo de varias décadas y, durante las cuales, se estructuraron modos de vida, identidades, acciones cotidianas de violencia criminal, prácticas de normalidad de la criminalidad, análogo a una cultura específica en torno a este fenómeno.

La táctica mundial en la lucha contra las drogas, enfocada en la oferta y de tendencia conservadora, ha guiado políticas restrictivas en naciones productoras desde inicios del siglo XX hasta la actualidad. Los gobiernos de México, en respuesta a las colaboraciones bilaterales con Estados Unidos, uno de los mayores consumidores de drogas, han dirigido sus esfuerzos y discursos oficiales hacia la supresión de la producción y tráfico de drogas, así como en combatir a quienes participan en estas actividades.

El crecimiento, fragmentación y expansión de las organizaciones involucradas en la producción y tráfico de drogas en México, en un contexto de debilidad institucional y convergencia de otras formas de violencia, ha llevado a un mayor deterioro del orden público, coerción y colusión de instituciones federales y, especialmente, locales, ocasionando costos significativos para la seguridad y estabilidad social. El gobierno mexicano ha oscilado entre pactar, controlar y restringir a los grupos del crimen transnacional en su territorio desde las décadas de 1970 y 1980 hasta el presente, frente a las exigencias internacionales y de Estados Unidos para luchar contra el narcotráfico y la violencia inherente a los mercados ilegales.

Los costos, tanto los generados por los actores de los mercados ilegales buscando lealtades forzadas, como los originados por las acciones gubernamentales para controlarlos y limitarlos cuando los acuerdos se rompen o aumentan las presiones externas, se miden en vidas perdidas. Por un lado, las vidas que se llevan las tácticas del narcotráfico para asegurar el cumplimiento de acuerdos en transacciones y para establecer dominio y alianzas forzadas, y por otro, las vidas que el Estado sacrifica como "daños colaterales" en sus estrategias para contener a estos grupos.

EL NARCOTRÁFICO EN SINALOA

Durante los años cuarentas, México experimentó un período de crecimiento económico y demográfico sostenido gracias al esquema de sustitución de importaciones. En esta etapa se construyeron importantes obras de irrigación que propiciaron el fortalecimiento del Estado y de la empresa privada. Los principales sistemas de irrigación en Sinaloa tienen sus antecedentes en este proceso; las empresas dedicadas al cultivo y procesamiento industrial de la caña de azúcar, tomate y garbanzo para la exportación, son responsables de la construcción de los principales canales de irrigación en la región. El uso y aprovechamiento de las aguas en la agricultura comercial es un aspecto clave en la economía agrícola sinaloense, y está relacionado con el quehacer de los empresarios agrícolas y con la aplicación de la política pública en la zona de los valles de los municipios de Ahome y Guasave (Soto, 2010: 23-25).

En el estado de Sinaloa, la agricultura comercial en los distritos de riego se convirtió en el eje de la estructura económica (Carrillo,2011:67-70). La inserción de la economía local en el mercado mundial y nacional se profundizó debido al contexto interno y externo. Aunque la agricultura se había consolidado como actividad motora de crecimiento en el estado, el desarrollo agrícola no fue uniforme y se concentró en la región centro-norte. En esta región, se introdujeron cultivos de vanguardia, como forrajes y oleaginosas, entre 1960 y 1967 (Fernández- Velázquez, 2018:29). Mientras que la región de Los Altos experimentó una constante decadencia debido a la política pública federal en materia de infraestructura hidráulica y fomento agrícola, lo cual acrecentó la frontera agroindustrial en el estado.

Los historiadores sinaloenses Heberto Sinagawa y Héctor Olea argumentan que debido al abandono de la minería y a la carencia de un proyecto de desarrollo, en esta etapa de la historia del estado se gestaron los inicios del narcotráfico con los primeros cultivos de amapola en la Sierra Madre Occidental para su posterior comercialización. Sinagawa, en su diccionario *Sinaloa, historia y destino,* sugiere que el origen del narcotráfico en Sinaloa se debe a la llegada de personas que provenían de China en el siglo XX, quienes trajeron la semilla de la amapola para consumo propio. Según el autor, algunos campesinos sinaloenses vieron la oportunidad de producir opio en grandes cantidades para salir de la pobreza y abastecer nuevos mercados (Sinagawa y García, 2005, citado en Enciso, 2014).

Para Olea, el inicio del narcotráfico en Sinaloa se explica por la expulsión de los chinos y el inicio de la Segunda Guerra Mundial, lo que llevó a la búsqueda de opio para el frente de batalla y a la creación de nuevos mercados. A pesar de la prohibición, la actividad se mantuvo en la región debido a factores geográficos, económicos y sociales. La Sierra Madre proporcionaba un buen escondite para los cultivadores de amapola. Además, la crisis económica en la región, sumada al cierre de la Casa de Moneda de Culiacán, había generado que las personas buscaran opciones productivas para la subsistencia, por lo cual las actividades económicas relacionadas con las drogas se convirtieron en una oportunidad atractiva (Olea, 1988, citado en Enciso, 2014).

Aunque Enciso ha cuestionado estas versiones, argumentando que en realidad existe poca evidencia para sustentar la narrativa del supuesto origen del narcotráfico en Sinaloa, lo considera, más bien, como una "leyenda negra" (Enciso:2014:10-27). Autores como Astorga han documentado la posición que tenía el noroeste de México en los años cuarenta, como la región de mayor cultivo y tráfico de opio, "especialmente el estado de Sinaloa, particularmente el municipio de Badiraguato" (Astorga, 2016:75).

En el arribo de la segunda mitad del siglo XX, la consolidación de la producción y tráfico de drogas en el estado generó que las actividades ilícitas, que de origen se desarrollaban en escenarios rurales, transitaran también hacia los espacios urbanos. En la consulta en documentos de la Procuraduría General de la República (PGR), Astorga identifica que entre las décadas de 1940 y 1950, los mayores operativos de destrucción de plantíos se realizaron en municipios serranos, pero también se hicieron grandes decomisos en Culiacán, Los Mochis y Mazatlán. El autor relata que se consideraba particularmente a Culiacán como "un nuevo Chicago con gánster de huarache" (Astorga, 2016:110).

Durante esos años, Culiacán presentaba una dualidad entre lo urbano y lo rural, donde se podía observar una mezcla de tradiciones rurales y pautas de vida urbanas. Durante un período de más de cincuenta años (desde 1861 hasta 1930), la ciudad experimentó un aumento modesto en su tamaño, pasando de 104 a 282 hectáreas. Sin embargo, durante las décadas de 1940 a 1970, la expansión de la mancha urbana fue significativa, y la población de la ciudad aumentó de 93 346 habitantes en 1940 a 360 412 habitantes en 1970, lo que indica un crecimiento demográfico significativo (Luna, 2002:26). Además, como resultado de que Badiraguato y otras comunidades de la sierra se convirtieron en los principales productores y exportadores de drogas a Estados Unidos, Culiacán se volvió en un importante centro de operaciones para el acopio y el tráfico de drogas (Fernández- Velázquez, 2018:75).

Después del milagro sinaloense que impulsó la agricultura y la vida urbana en el estado, se produjeron desigualdades y conflictos que interrumpieron la dinámica regional y provocaron una "orfandad cívica y moral" (González, 2007:15-16). Esto significó una pérdida de confianza en las instituciones y las figuras de autoridad, la renuncia a los valores y rituales tradicionales, y el surgimiento de una cultura liderada por la ilegalidad.

Debido al crecimiento no planificado de las ciudades, el abandono del campo, y la llegada del narcotráfico como actividad económica y social pujante, se resquebrajaron las expectativas de desarrollo y progreso. Esto desató una crisis de valores permitiendo que se arraigara una cultura de la violencia en la entidad. Estos cambios sociales y urbanos en el marco de los conflictos provocaron un "cambio íntimo y radical" en la sociedad sinaloense, en particular en Culiacán, según la obra de González (2007).

En las décadas de los sesenta y setenta, las familias de los narcotraficantes solían vivir en colonias populares en Culiacán. Allí eran apreciados por los habitantes locales debido a su generosidad. Sin embargo, a partir de los años ochenta y noventa, después de la Operación Cóndor, algunas de estas familias y otras que se unieron al negocio, buscaron un mejor entorno para criar a sus hijos y acceder a las comodidades que ofrecían las clases empresariales de Culiacán. Se trasladaron a colonias como Las Quintas, Lomas de San Miguel y La Campiña, y al establecerse allí, se convirtieron en miembros reconocidos de la sociedad culiacanense y establecieron una nueva dinámica en cuanto al orden en la ciudad y las expectativas de progreso en los jóvenes (Padilla, 2017: 68)

La proliferación del narcotráfico es parte de las respuestas a las transformaciones que los territorios sufren debido a las políticas del Estado y del mercado, ya sea por intervención planificada o por ausencia y abandono de estas. En México, el mercado de drogas ha crecido gracias al fortalecimiento y expansión de organizaciones dedicadas a su producción y tráfico. Sin embargo, la debilidad institucional y la presencia de otras formas de violencia han permitido que estas organizaciones corrompan y coaccionen a instituciones federales y locales, lo que ha generado graves consecuencias para la seguridad y estabilidad social en el país.

En la actualidad, es evidente que el narcotráfico ha arraigado en la vida social y cultural de los sinaloenses, lo cual ha abonado a una ola de violencia con graves consecuencias en términos de homicidios, desapariciones forzadas, desplazamientos y violencia de género. Esta situación ha creado un imaginario social que atrae a los jóvenes a vincularse con las redes criminales, aumentando su exposición al riesgo de manera exponencial. Por lo tanto, se requiere la implementación de intervenciones transversales que promuevan espacios de convivencia, conceptos de alteridad armoniosos y comportamientos de corresponsabilidad social para comprender, prevenir y contener las expresiones de violencia en la juventud. En este sentido, el proyecto propone explorar, analizar y describir la forma en que se ha consolidado un imaginario social que atrae a los jóvenes a vincularse con las redes criminales y cómo esto aumenta su exposición al riesgo, incluyendo la preservación de su propia vida.

JUVENICIDIO EN SINALOA

La situación de inseguridad en México tiene un impacto en las dinámicas sociales que dan forma a los lugares donde vivimos. En las comunidades mexicanas se presentan diversas formas de violencia que interactúan y se transforman constantemente debido a la participación y resistencia de diferentes actores. Por lo tanto, para entender el aumento de la violencia letal contra las juventudes en las últimas tres décadas, es necesario considerar que esto ocurre en el contexto de una crisis de seguridad en todo el país. Esta crisis se caracteriza por el aumento de la corrupción, la impunidad, la proliferación de armas y otras situaciones conflictivas que se entrelazan con sistemas de exclusión y dominación que afectan a la vida de las juventudes, las mujeres, las personas racializadas, entre otros grupos que históricamente han sido excluidos y/o estigmatizados.

En este artículo se describe la crisis de seguridad en México como un período de conflictos que ha ocurrido desde la década de 1990 hasta la actualidad, aunque con antecedentes más antiguos. No se utiliza el término "guerra contra el narcotráfico" como un marco de análisis, porque podría ser reduccionista ya que usualmente, desde la literatura académica y periodística, se emplea para referirse a esta etapa moderna en la historia conflictiva de nuestro país a partir de las políticas para combatir la producción y tráfico de drogas que implemento Felipe Calderón Hinojosa. Estas interpretaciones se enfocan en las disputas entre grupos delictivos y la respuesta bélica del Estado, y pocas veces consideran la compleja construcción de la violencia en el espacio y cómo se relacionan con sistemas de exclusión que originan explotación, represión, desprotección y discriminación. Es por tal que, en esta investigación se considera que es necesaria la construcción de otros marcos de análisis para interpretar los diferentes roles de los actores involucrados, incluyendo aquellos que reaccionan y resisten ante estas condiciones.

El equipo del proyecto CONACYT se propone estudiar las diferentes interacciones de las juventudes con las violencias. Se estudia el juvenicidio en su construcción y costos sobre la vida de las mujeres y hombres sinaloenses en edades entre los 13 y los 29 años; no obstante, también son de interés las experiencias de la niñez, puesto que la participación y afectaciones de este segmento de la población en relación con las agresiones y actividades ilícitas han ido en aumento.

El término juvenicidio, como se dilucida en esta investigación, alude a algo más significativo que el homicidio de jóvenes, pues refiere a procesos de precarización, vulnerabilidad, estigmatización y muerte. Da cuenta de la presencia de procesos de criminalización de las juventudes que son construidos por quienes detentan el poder, con la activa participación de las industrias culturales que estereotipan y estigmatizan conductas y estilos juveniles creando predisposiciones (Valenzuela-Arce, 2019:15-28).

Como señala Valenzuela Arce (2015:21), el juvenicidio ocurre en territorios donde las juventudes y sus necesidades de desarrollo y reconocimiento son desestimadas. Es por tal que se plantea necesario que estas muertes se analicen a través de los contextos sociales dinámicos y los procesos que "derivan en la posibilidad de que miles de jóvenes sean asesinados" (Valenzuela-Arce, 2019:15).

La población adolescente y joven ha sido víctima y victimaria en este marco de prohibicionismo, inestabilidad y conflicto en medio de una crisis de homicidios. Tan solo en el 2021 se registraron en el país 35 700 defunciones de este tipo; entre los cuales, más de una tercera parte (12 595) eran jóvenes entre los 15 y los 29 años (INEGI, 2022). En Sinaloa, este sector también se ha visto afectado por la violencia letal; entre el 2000 y el 2021 se registraron 7552 asesinatos de hombres y mujeres de 15 a 29 años (INEGI, 2022a).

Gráfica 1. Defunciones por homicidio en Sinaloa, 2000 – 2021. Proporción de jóvenes.

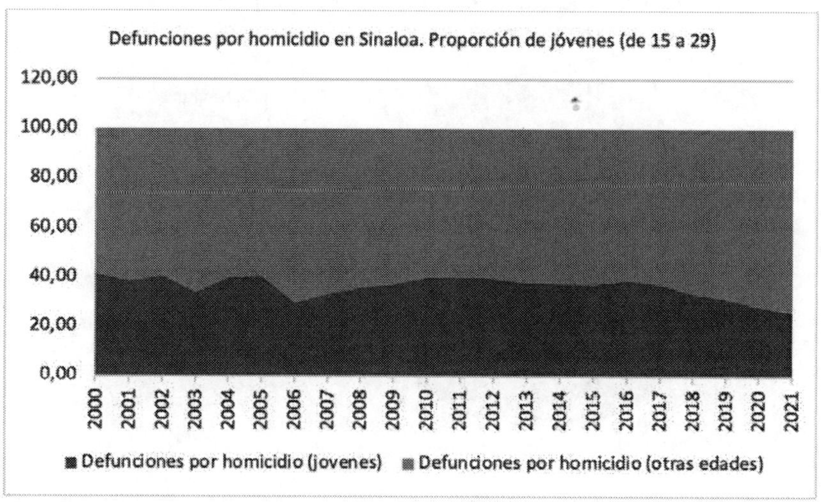

Fuente: Elaboración propia, con datos de defunciones por homicidio en el 2021. (INEGI, 2022). Conjunto de datos: Defunciones registradas.

Al revisar algunos datos sociales y económicos que presenta el INEGI en sus estadísticas sobre la mortalidad en el país, se obtiene un esquema general de los perfiles de las juventudes que fueron víctimas de homicidio en el año referido. Respecto a la condición de ocupación, por ejemplo, se revela que el 79.7 % había reportado contar con un trabajo. La base de datos no muestra mayores detalles, pero al revisar la afiliación a servicios de salud de estas personas -como posible indicador de la situación de formalidad en las labores- se constata que el 54.40 % no tenía "ninguna" afiliación al momento en que se recabó la información estadística, y un 30.76 "no especifica" (INEGI, 2022b), lo que podría indicar que una buena parte de estas personas no contaban con una actividad laboral en el mercado formal (gráfica 2).

Gráfica 2. Afiliación a servicios de salud de jóvenes entre 25 y 29 años, según los datos de defunciones por homicidio

Fuente: Elaboración propia, con datos de defunciones por homicidio en el 2021. (INEGI, 2022). Conjunto de datos: Defunciones registradas.

Con este mismo propósito, si se revisa el nivel de escolaridad, se identifica que solo el 13.3 % había completado los estudios de bachillerato, el 7.33 %, la educación profesional, y apenas un 0.05 % tenía posgrado. Para el caso de Sinaloa, el 13.30 completó el bachillerato y el 11.04 % contaba con alguna licenciatura concluida. Y es que, según datos de la UNFPA (2021:57), Sinaloa se encuentra en el segundo lugar más bajo en cuanto a la situación de rezago educativo en la población joven, con un porcentaje del 13.9%, después de la Ciudad de México. Además, el estado ocupa el segundo lugar más alto en la tasa neta de cobertura en educación superior, con un 54.93 %, solo por detrás de la Ciudad de México.

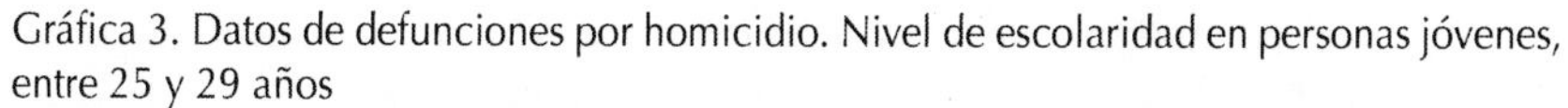
Gráfica 3. Datos de defunciones por homicidio. Nivel de escolaridad en personas jóvenes, entre 25 y 29 años

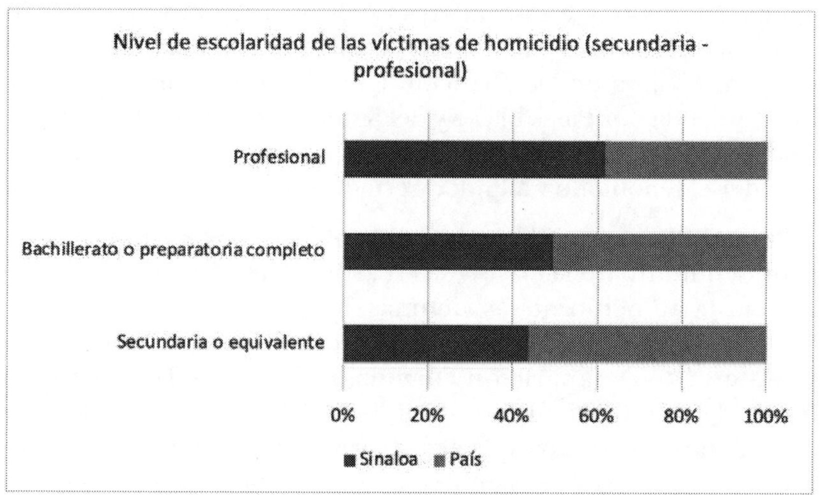

Fuente: Elaboración propia, con datos de defunciones por homicidio en el 2021 (INEGI, 2022). Conjunto de datos: Defunciones registradas.

Sinaloa, al igual que otros estados, enfrenta una crisis de desaparecidos. Es el tercer estado con mayor número de personas desaparecidas en el país, y el primer lugar por la cantidad de fosas clandestinas (SEGOB, 2020). Según datos de la Fiscalía, en el 2021 se registraron 295 casos de personas desaparecidas menores de 25 años, lo que constituye el 33 % del total (FGE:2022:1).

Ante la falta de respuestas gubernamentales, el trabajo de búsqueda de personas ha estado principalmente en las manos de civiles que se organizan para tratar de encontrar a sus familiares. Las madres, padres, esposos y hermanas de los desaparecidos se integran a los grupos de rastreo y abandonan sus trabajos, labores domésticas, y tiempos libres por salir a búsquedas. A estos grupos de búsqueda se les ha llamado *resilientes*, y a través de las estrategias que ha seguido el Estado, primero de silencio y luego de olvido, se les considera como tal.

Desde el planteamiento gubernamental respecto a los desaparecidos y sus familias se fomenta una política de olvido. Con un presupuesto mínimo, y escaso interés público, la política de atención a la desaparición forzada, aún ahora con la reciente aprobación de la Ley en Materia de Desaparición Forzada de Personas, Desaparición Cometida por Particulares y del Sistema Estatal de Búsqueda de Personas de Sinaloa, no se han planteado estrategias oportunas para entender el fenómeno y atender y erradicar este tipo de violencia.

Para el 2018, con el cambio de Gobierno federal, se dio un reconocimiento de la crisis y se crearon una serie de instrumentos para la atención de las víctimas de la desaparición forzada. En el 2019, el Congreso del Estado de Sinaloa aprobó la Ley en Materia de Desaparición Forzada de Personas, Desaparición Cometida por Particulares y del Sistema Estatal de Búsqueda de Personas de Sinaloa y es el gobernador quien designa al Comisionado de Búsqueda de Personas Desaparecidas.

No obstante, los grupos de familiares han reconocido que las medidas aprobadas en Sinaloa, respecto a los plazos que marcaba la Ley General, son ineficaces para atender la problemática y "obedecen más a la simulación" (Entrevista con María Isabel Cruz Bernal: 2019). En primer lugar, porque el presupuesto destinado de 3.5 millones de pesos es insuficiente ante las carencias del laboratorio forense en la Fiscalía, y no cubren la imperante necesidad de identificar los cuerpos que han encontrado en las fosas y realizarles estudios forenses, así como formar nuevos peritos e investigadores (Cabrera, 2019).

Además, la política no plantea una reflexión sobre las causas del problema de desaparición forzada, ni sobre la participación de las fuerzas del orden, en específico las políticas municipales y estatales, cuya presencia en los eventos delictivos en contra de los desaparecidos ha sido denunciada por las víctimas en los ministerios públicos y en la prensa, y no plantea acciones puntuales para el combate de la impunidad.

En este documento se plantea la necesidad de estudiar los homicidios, feminicidios y desapariciones forzadas de jóvenes en Sinaloa desde la perspectiva del juvenicidio. Esta perspectiva implica analizar las violencias estructurales y estructurantes que convergen en las distintas localidades y comunidades del estado. Se toma como objeto de estudio a los jóvenes que son víctimas de estos delitos, con el fin de analizar sus historias, contextos familiares y comunitarios, así como su situación histórica y presente, para identificar las formas de violencia estructural que han posibilitado el fenómeno y han conducido a la crisis actual. No obstante, también se les reconoce como sujetos con agencia; por lo cual se identifican los diferentes roles en su participación e involucramiento en la crisis de seguridad: tanto como perpetradores y reproductores de violencias, como en sus resistencias.

SOBRE EL PROYECTO

El equipo de trabajo está compuesto por académicos y activistas que estudian la violencia y trabajan por la construcción de paz desde diferentes saberes, aproximaciones, experiencias, y tienen además diversos aportes. El proyecto de investigación–acción, además, plantea metodologías participativas para la recolección de información, identificación de problemáticas y construcción de posibles soluciones desde y con las personas que viven diferentes tipos de violencias. Como parte de la metodología, se utilizarán técnicas desde la perspectiva socio práxica: redes democrático-participativas, cartografías participativas, socio drama, matriz para priorización de casos y devolución creativa de la información.

En el trabajo comunitario se implementa la investigación acción participativa (IAP). La IAP puede ser utilizada como una manera de comprender a una comunidad específica con relación a sus prácticas sociales y los aspectos que determinan tales ejercicios se conoce a través de la indagación, del acercamiento a estas poblaciones, su realidad social y su cotidianidad. A la par con lo anterior, se recopilan datos, utilizando para ello fuentes como las entrevistas, las encuestas, fotografías y material fílmico.

Es la capacidad asumida por el investigador para llevar a cabo con éxito un proceso de inmersión que legitime su accionar. Así, irá construyendo académicamente la problemática a la que se está enfrentando (Colmenares, 2012).

Durante la primera etapa se integrará y analizará información cuantitativa y cualitativa que nos ayude a comprender mejor las problemáticas en el estado. Se reunirán datos de las diversas instituciones públicas y también a través de las organizaciones sociales. En este proyecto participan organizaciones de la sociedad civil que tienen contacto directo y/o que son víctimas de la violencia (como es el caso de Sabuesos Guerreras) y que están documentando y sistematizando información que pertenece a la experiencia. En el caso del grupo de búsqueda Sabuesos Guerreras, por ejemplo, iniciamos un proceso para realizar la georreferenciación de sus hallazgos de fosas clandestinas con la expectativa de identificar, en trabajo horizontal, algunos patrones espaciales. Así también, se trabaja en la documentación conjunta de las historias familiares de las personas jóvenes que han desaparecido.

De igual manera, en esta primera etapa se trabajará en coordinación con activistas que acompañan víctimas de feminicidio, familias que han sido desplazadas de sus lugares de residencia, y acompañaremos a la organización Espacios para la Paz en su trabajo de reinserción de primo delincuentes para la documentación de las problemáticas. Se utilizarán técnicas como encuestas, entrevistas, observación, talleres para la elaboración de cartografía y análisis de la información.

En la segunda etapa del proyecto se identificarán las principales problemáticas de violencia juvenicida, directa y estructural, en el territorio de las tres principales ciudades en Sinaloa. Se generará un sistema de información y se presentarán los primeros resultados. Mientras que, en la tercera etapa se realizarán diagnósticos y planes de acción específicos para los sectores identificados por ser sitios donde confluye una diversidad de violencias. Se establecerán redes en estos lugares para el trabajo participativo con la comunidad para la identificación de problemáticas y planteamiento de posibles soluciones.

CONCLUSIONES: RETOS QUE ENFRENTA LA PROPUESTA DE INVESTIGACIÓN

La táctica mundial en la lucha contra las drogas, enfocada en la oferta y de tendencia conservadora, ha guiado políticas restrictivas en naciones productoras desde inicios del siglo XX hasta la actualidad. En respuesta a las colaboraciones bilaterales con Estados Unidos, uno de los mayores consumidores de drogas, los gobiernos de México han dirigido sus esfuerzos y discursos oficiales hacia la supresión de la producción y tráfico de drogas, así como en combatir a quienes participan en estas actividades. Sin embargo, el crecimiento, fragmentación y expansión de las organizaciones involucradas en la producción y tráfico de drogas en México, en un contexto de debilidad institucional y convergencia de otras formas de violencia, ha llevado a un mayor deterioro del orden público, coerción y colusión de instituciones federales y, especialmente, locales.

La situación de inseguridad en México ha generado un aumento de la violencia letal contra las juventudes en las últimas tres décadas. La crisis de seguridad en el país se caracteriza por el aumento de la corrupción, la impunidad, la proliferación de armas y otras situaciones conflictivas que se entrelazan con sistemas de exclusión y dominación que afectan a la vida de las juventudes, las mujeres, las personas racializadas, entre otros grupos históricamente excluidos y/o estigmatizados. La construcción de otros marcos de análisis para interpretar los diferentes roles de los actores involucrados es necesaria para entender esta compleja situación. El equipo del proyecto PRONACES319127, apoyado por el CONACYT, se propone estudiar las diferentes interacciones de las juventudes con las violencias y el impacto en sus vidas.

El proyecto enfrenta varios retos. Se destacan cuatro obstáculos principales que han sido detonantes del régimen de violencia e impunidad en el país y que han tenido un gran impacto en Sinaloa.

Los retos de carácter normativo se relacionan con la falta de transparencia y opacidad en las estadísticas, informes y referencias proporcionados por dependencias de gobiernos locales, estatales y federales sobre desapariciones, desplazamientos y feminicidios. A menudo, las cifras proporcionadas por estas dependencias son contradictorias o se desacreditan mutuamente, lo que se ha destacado en el Informe de la CNDH sobre Personas Desaparecidas y Fosas Clandestinas, así como por grupos de búsqueda de personas desaparecidas.

Los retos en el diseño institucional y operativo se deben a la falta de personal capacitado que no solo se limite a seguir los protocolos formales y conceptuales, sino también que sea empático y sensible hacia las víctimas directas e indirectas. Se necesita una capacitación continua y un seguimiento en el cambio de los procesos y formatos de operación, que permita evaluar y mejorar el desempeño en instancias culturales, educativas, de justicia, mediadores, agentes del Ministerio Público, fuerzas policiales y militares. Además, la obtención de información por parte de instituciones locales, que son de vital importancia para el proyecto, es constantemente difícil.

El proyecto se enfrenta a obstáculos derivados del sistema, entre los cuales destacan la influencia mediática que normaliza la violencia y la narcocultura, así como la presencia de un "Estado diluido" o "fallido" y la narcopolítica, que implican la colaboración de autoridades con grupos delincuenciales y dificultan la prevención y atención a actos de violencia que afectan a la sociedad. Esto puede generar zonas de riesgo que impiden el acceso a la información necesaria y retrasan la investigación y las estrategias de intervención.

Algunos otros retos surgen debido a los paradigmas éticos, económicos, ecológicos, etcétera, en la sociedad de Sinaloa. Estos obstáculos se relacionan con la producción, el tráfico y la capitalización de sustancias prohibidas, que se han convertido en una forma de economía informal e ilegal desde hace varias décadas. Esta relación se debe a un sistema simbólico de normas, formas y conductas que han sido toleradas y normalizadas. Desnormalizar esta economía es difícil, pero posible, mediante un enfoque "capilar" que implica trabajar directamente con las comunidades en un nivel cercano y de incidencia directa.

Referencias bibliográficas

Astorga, Luis (2016). *El siglo de las drogas: Del Porfiriato al nuevo milenio.* Debolsillo.

Carrillo Rojas, Arturo (2011). "La irrigación en Sinaloa: cambios en la infraestructura hidráulica y sistemas de regadío entre los siglos XIX y XX" En: Cecilia Sheridan Prieto y Mario Cerutti (coordinadores). *Usos y desusos del agua en cuencas del norte de México.* Centro de Investigaciones y Estudios Superiores en Antropología Social (CIESAS).

Creechan, J. H. (2021). *Drug Wars and Covert Netherworlds: The Transformations of Mexico's Narco Cartels.* University of Arizona Press.

Enciso, F. (2014). "El origen del narco según la glosa popular sinaloense". *Arenas,* 36, 10-33.

Entrevista con María Isabel Cruz Bernal, Líder de Sabuesos Guerreras, grupo de búsqueda de personas víctimas de desaparición forzada en Culiacán, Sinaloa. Sábado 28 de septiembre de 2019, Ciudad de México, México.

Fernández-Velázquez, J. A. (2018). "La Operación Cóndor en los Altos de Sinaloa: la labor del Estado durante los primeros años de la campaña antidroga". *Ra Ximhai, 14*(1), 63-84.

FGE (2022). Respuesta a la solicitud de acceso a la información de No. De folio 25048300063822 con fecha del 26 de agosto de 2022. Información sobre el número de personas que fueron víctimas de privación de la libertad, secuestro, rapto, desaparición, desaparición forzada, ausencia o no localización. Fiscalía General del Estado de Sinaloa. Información solicitada por Marcos Vizcarra, colaborador del proyecto PRONACE 3191927.

González. V. R. (2007). *Sinaloa una sociedad demediada,* H. Ayuntamiento de Culiacán, Juan Pablos, México.

Le Cour, R. (2020). "The Narco Spectacle Can End", *Mexico Violence Resource Project.* En línea: https://www.mexicoviolence.org/battles-after-battle/the-narco-spectacle-can-end

Luna, Lujano Benjamín (2002), *Origen y Ocaso del Ingenio Rosales (1945-1997)*, Ayuntamiento de Culiacán, Instituto Municipal de Cultura, La Crónica de Culiacán, Culiacán, Sinaloa.

Olea, Héctor R. (1988). *Badiraguato: visión panorámica de su historia.* H. Ayuntamiento de Badiraguato y Dirección de Investigación y Fomento de Cultura Regional, Sinaloa. Citado en: Enciso, F. (2014). "El origen del narco según la glosa popular sinaloense". *Arenas,* 36, 10-33.

Padilla Reyes, I. D. R. (2017). *Geografía de la violencia en Culiacán.* Universidad Autónoma de Sinaloa.

Capítulo 2

Biografías marcadas por la violencia del crimen organizado: Historias de vida de mujeres indígenas universitarias

ANA ARÁN SÁNCHEZ[1]

Resumen

La violencia provocada por el crimen organizado en México, a partir de la estrategia de la guerra contra el narcotráfico, afectó de manera significativa a las comunidades de los pueblos originarios del norte del país, debido a que son zonas propicias para el cultivo de sustancias ilegales y estratégicas en cuanto a la cercanía con la costa del Pacífico y la frontera con Estados Unidos. Esta población, víctima de décadas de racismo, discriminación y opresión desde la Conquista española, ha sido especialmente afectada y sus historias de vida han sido marcadas de manera permanente por este fenómeno. El propósito de este estudio es describir y analizar las historias de vida de mujeres indígenas universitarias en relación con la violencia que han experimentado en sus comunidades de origen provocada por el crimen organizado. Esta investigación emplea el método de historias de vida, enmarcado en el enfoque cualitativo y el paradigma interpretativo, y utiliza como técnica la entrevista a profundidad. Mediante esta técnica se abordó a seis informantes clave, dos tepehuanas del sur y cuatro tarahumaras, para conocer sus experiencias en torno a este fenómeno.

Palabras clave: mujeres indígenas, historia de vida, violencia, narcotráfico.

INTRODUCCIÓN

La violencia provocada por el crimen organizado que se vive en México afecta a toda la población, sin embargo, los sectores

1 Correo electrónico: ana.aran.sanchez@gmail.com

que son más vulnerables por condiciones previas de discriminación, pobreza y racismo, como los grupos indígenas, experimentan consecuencias a corto y largo plazo que marcan sus historias de vida de una manera particular. Además, y como explican Ley, Mattiace y Trejo (2019), los cárteles tienen un especial interés por acceder y controlar las regiones indígenas del país, como las zonas serranas, debido a que son lugares privilegiados para el cultivo de marihuana y amapola, y por sus rutas estratégicas que conectan con la frontera de Estados Unidos y la zona costera del Pacífico. Cendejas, Arroyo y Sánchez (2015), aseveran que:

> El «ser indígena» (...) no garantiza la seguridad de las comunidades ni la sustentabilidad de sus medios de vida; antes bien, sigue siendo una condición de alto riesgo frente a la violencia estructural vivida como exclusión y negación; y frente a la violencia criminal directa, encarnada en el despojo, la persecución y la muerte (p. 280).

Asimismo, Hernández (2019) argumenta que existe un fenómeno denominado "geografía racial" (*racialized geographies*), en el que la violencia del crimen organizado, el Ejército y los grupos paramilitares se han concentrado. Cabe señalar, que esta condición ha sido poco estudiada por los académicos del país debido a la resistencia a analizar el racismo estructural como una parte inherente de la violencia contemporánea en México. Esta autora, se basa en Wade (2011) para aseverar que, si bien la violencia implementada por las fuerzas del Estado y el crimen organizado no es de naturaleza racial, sí tiene efectos raciales, ya que afecta de manera desproporcional a estas poblaciones, reproduciendo su marginalidad.

El espacio en el que se lleva a cabo la presente investigación es en la Escuela Normal Rural "Ricardo Flores Magón" (ENRRFM), ubicada en el municipio de Saucillo, estado de Chihuahua, al norte de la República mexicana. Es una institución formadora de docentes fundada en 1931, en la cual se imparte la licenciatura en Educación Primaria y en Educación Preescolar. Es exclusiva para mujeres de bajos recursos y funciona como internado. Actualmente, cuenta con alrededor de cuatrocientas alumnas distribuidas en los cuatro años que forman parte de la licenciatura.

Desde el ciclo escolar 2017-2018 se implementó una política de acción afirmativa a través de la cual se destinaban de manera exclusiva 15 espacios para aspirante pertenecientes a un pueblo originario, pidiéndoles como requisito que dominaran su lengua indígena correspondiente, para que al egresar trabajaran como maestras bilingües en contextos indígenas. A partir del ciclo escolar 2019-2020, estos lugares se ampliaron a 20 espacios, mismos que permanecen hasta el presente año. La composición actual de las estudiantes indígenas se detalla en la tabla 1.

Tabla 1. Distribución de alumnas indígenas en la ENRRFM

Academia	Tarahumara	Tepehuan de Chihuahua	Tepehuan de Durango	Mayo	Zapoteco	Mixteco	Náhuatl
1.° grado	4	1	0	1	0	0	2
2.° grado	5	2	1	0	0	1	0
3.° grado	2	1	3	1	1	0	0
4.° grado	6	1	3	0	0	0	0

Fuente. Elaboración propia basada en los datos proporcionados por las alumnas.

La población estudiantil indígena (seis estudiantes) que cursa sus estudios en la institución se seleccionó de manera intencional para participar en este estudio, debido a las experiencias relacionadas con la violencia ocasionada por el crimen organizado que han experimentado. Ellas son tarahumaras, originarias de Chihuahua, y tepehuanas, de Durango, dos de los estados señalados por Hernández (2010) como los más afectados por la militarización y la guerra contra el narcotráfico, ya que su aislamiento y marginalización económica propicia el cultivo de sustancias ilegales.

El tema de la violencia y cómo afecta a los grupos originarios es un ámbito poco estudiado en nuestro país (Maldonado, 2012, citado en Hernández, 2019) y menos desde el punto de vista de las mujeres indígenas. Se han documentado ejemplos de resistencia por parte de estas comunidades, como la investigación de Cendejas, Arroyo y Sánchez (2015) sobre los casos de la comunidad purépecha de Cherán y la Nahua en San Miguel de Aquila, al igual que la descripción del funcionamiento de los caracoles zapatistas por Aparicio (2008), por mencionar solo algunos. Es por lo que se detecta la necesidad de explorar los efectos que este conflicto armado provoca en uno de los colectivos más vulnerables: el caso de las mujeres indígenas. De acuerdo con lo anterior, se plantea como propósito de esta investigación, describir y analizar las historias de vida de mujeres indígenas universitarias en relación con la violencia provocada por el crimen organizado que han experimentado en sus comunidades de origen.

DISCUSIÓN TEÓRICA

En este apartado se abarcarán diferentes aspectos teóricos relevantes para el estudio. Se comienza describiendo algunas características generales de los grupos indígenas a los que pertenecen las informantes clave, tepehuan del sur y tarahumara. Posteriormente, se aborda la temática de la violencia en las comunidades indígenas.

GRUPO INDÍGENA TARAHUMARA

Los trahumara o rarámuris viven en la Sierra Tarahumara, localizada en el estado de Chihuahua. Es una región de 60 000 km2 que abarca 18 de los 67 municipios del estado de Chihuahua (González, 2015). Es el grupo indígena mayoritario en esta zona, sin embargo, la comparte con otros pueblos originarios, como el pima, ódami y guarijó (Pintado, 2020). La región que habitan se divide en cinco zonas, con sus respectivas variantes dialectales (aunque esta clasificación depende de la fuente consultada). El oeste, en la barranca de Urique; el norte incluye la zona de Norogachi; el centro es representado por Guachochi; la cumbre, localizada entre las barrancas de Urique y Batopilas, y la zona sur, por la barranca de la Sinforosa.

En cuanto a las actividades económicas, Lara y Vera (2019) denuncian que la reforma agraria posterior a la Revolución mexicana no benefició a los rarámuris, sino todo lo contrario: "la categoría de indígena se diluyó en la de campesino, con el consecuente cúmulo de desventajas en cuanto a oportunidades relacionadas con el acceso a la tierra, el crédito, la productividad y el desarrollo, propiciando la migración temporal o definitiva" (p. 79). El tipo de terreno de la Sierra Tarahumara no es cultivable, solo hay pequeñas zonas dispersas a lo largo de los diferentes cuerpos de agua, en las que algunas familias siembran maíz para el autoconsumo; no obstante, los espacios ubicados en los valles que propician la producción agrícola son habitados por población no indígena (Saucedo y González de la Fuente, 2011).

Por lo tanto, la exploración forestal es la principal industria en la Sierra Tarahumara, que genera trabajo para la población masculina, misma que es el principal ingreso de muchas familias, a pesar del bajo salario (Fujigaki, 2020). Sin embargo, las oportunidades laborales dentro del espacio comunitario son escasas y mal pagadas, y si a esa condición se añade la disputa por las tierras, así como la violencia provocada por el crimen organizado, se comprende por qué la migración a los espacios urbanos del estado de Chihuahua ha aumentado de manera notable (Lara y Vera, 2019).

La organización social es compleja, ya que la mayoría de las comunidades rarámuris están organizadas a partir de pueblos, pero hay otras formas de organización que no son indígenas, como los municipios y ejidos, así como las comisarías municipales y los distritos judiciales y electorales, lo cual ocasiona "que las estructuras políticas indígenas se vean continuamente forzadas a competir por atribuciones, en crecientes condiciones de desventaja contra el conjunto de dependencias municipales, estatales y federales, ante el cual resultan comúnmente excluidas" (Saucedo y González de la Fuente, 2011, p. 353). Pintado (2020), explica que el hecho de que los rarámuri no tengan "autonomía comunitaria con representatividad frente al Estado crea enormes obstáculos para su bienestar (...) significa, entonces, que los rarámuris no están protegidos por ninguna institución con poder. Si bien tienen sus autoridades tradicionales, estas no tienen ninguna incidencia dentro de las esferas de poder gubernamentales" (p. 114).

Respecto al ámbito educativo, Pintado (2020) señala que los docentes en la Sierra Tarahumara se enfrentan con la compleja problemática de la presencia del narcotráfico en sus comunidades, lo cual pone en riesgo su seguridad y la de los alumnos.

GRUPO INDÍGENA TEPEHUAN DEL SUR

Los tepehuanos del sur habitan la región conocida como el Gran Nayar, ubicada en la Sierra Madre Occidental y en parte de los estados de Durango, Nayarit, Zacatecas y Jalisco. Se les denomina del sur para diferenciarlos de los tepehuanos del norte, quienes radican en el estado de Chihuahua. Su lengua tiene dos variantes: el o'dam o tepehuan del sureste, el cual se habla en las poblaciones del municipio del Mezquital, Durango, y el audam o tepehuan del suroeste, utilizado en el municipio de Pueblo Nuevo (Rangel y García, 2007). Comparten algunos aspectos culturales con otros pueblos indígenas de la zona, como los coras y los huicholes (Saucedo y González de la Fuente, 2011).

En cuanto a su organización, los cargos del gobierno tradicional y sus nombres cambian en cada comunidad. La población elige a sus gobernadores, quienes son de procedencia indígena, un capitán y varios mayordomos, que forman parte del gobierno (De la Cerda, 1943). Al gobernador primero se le suele denominar ixcai; también puede haber un segundo gobernador y otros cargos denominados como fiscal, topil, regidor, alguacil, sargento y cabo, entre otros (Reyes, 2006).

Sobre las actividades económicas, la explotación forestal tuvo su auge en los noventa. En la actualidad continua, aunque con menor fuerza. A los indígenas se les otorga un reparto de utilidades derivados de esta explotación, mismo que los comisarios ejidales reparten entre los comuneros; pero, es un beneficio que no les llega a todos los miembros de la comunidad. Son pocas las personas que consiguen trabajos en los aserraderos, ya que la mayoría están cerrados o abandonados. Los malos manejos y la corrupción que han enfrentado a los comuneros con las compañías madereras y también con los ambientalistas. La agricultura se lleva a cabo, pero lamentablemente no suele alcanzar ni siquiera para el autoconsumo de las familias. Son pocos los terrenos en los que se puede usar el tractor, por la pendiente de la Sierra Madre Occidental, por lo que solo se puede sembrar de manera tradicional. Igualmente, la ganadería es realizada por pocas personas, debido al alto costo que implica la manutención de los animales (Reyes, 2006).

La falta de oportunidades laborales, provoca que las personas se trasladen por temporadas hacia la costa para trabajar en el cultivo de frijol y ensarte de tabaco. Hay poca migración a Estados Unidos, pero sí a estados cercanos como parte del programa de Jornaleros Agrícolas implementado por la Secretaría de Desarrollo Social (SEDESOL), a través del cual emigran de manera temporal para actividades de agricultura, como en la pizca de la manzana en los municipios de Canatlán y Nuevo Ideal en Durango (Reyes, 2006). Asimismo, destaca que la violencia ocasionada por el tráfico de drogas "ha puesto en riesgo la estabilidad de las comunidades tepehuanas de la sierra y en las barrancas" (Rangel y García, 2007, p. 173). Adicionalmente, estos autores observan que esta situación, así como las riñas entre personas locales y foráneas, han motivado la migración hacia los estados aledaños.

VIOLENCIA EN LAS COMUNIDADES INDÍGENAS

De acuerdo con Cendejas, Arroyo y Sánchez (2015), la violencia en México ha aumentado desde comienzos del siglo XXI, debido al enfrentamiento entre las fuerzas federales y el crimen organizado. Tras casi dieciséis años de guerra entre los cárteles para controlar las rutas del tráfico de dogas, el gobierno federal los enfrenta enviando al Ejército a las zonas más conflictivas (Ley, Mattiace y Trejo, 2019). Esta política para combatir el crimen organizado, implementando por el Partido de Acción Nacional (PAN) a su llegada al gobierno, tuvo como consecuencia el incremento de la violencia a través de la participación de las fuerzas armadas para lograr la seguridad del Estado, provocando muertes, desapariciones y múltiples violaciones de los derechos humanos (Sierra y Aragón, 2013). Los cinco cárteles principales se fragmentan a su vez en otros, y comienzan a realizar actividades para financiar su participación en esta guerra, como secuestros a cambio de dinero, extorsión, tráfico de personas y captura de recursos públicos municipales (Ley y Trejo, 2019). Esta estrategia militar en contra de los cárteles del narcotráfico implementada por el Estado ha sido fallida, debido a que "ha contribuido al incremento de la violencia social generalizada, llevándola a niveles que solo pueden encontrar parecidos en países que viven situaciones de guerra civil" (Gasparello, 2016, p.82)

Sierra y Aragón (2013) argumentan que esta política de combate al crimen organizado ha afectado especialmente a las comunidades indígenas. Por su parte, Gasparello (2016) matiza que los pueblos originarios han vivido numerosas situaciones de violencia, como la violencia política y la estructural; y que las políticas por parte del Estado mexicano hacia los pueblos originarios siempre han estado marcadas por la violencia, mencionando como ejemplos el indigenismo de la década de los cincuenta, y más adelante el etnicismo y el multiculturalismo neoliberal. Esta situación ha generado que aumente el miedo y la desconfianza entre los miembros de la comunidad.

Aguiar (2006) documenta que, desde 1995, algunas comunidades indígenas comenzaron a organizar policías comunitarias, dirigidas por los consejos ciudadanos, explicando que "debido al alto control social sobre los agentes policiacos, ya que es el mismo pueblo quien los controla, las policías indígenas han mostrado efectividad contra el crimen, y vinculan a la sociedad civil con la generación de soluciones a la inseguridad" (p. 118). Si bien, esta estrategia fue efectiva para atender los problemas al interior de las comunidades, la cuestión de la violencia provocada por el narcotráfico y el crimen organizado son cuestiones que están fuera de su campo de acción, al ser un fenómeno federal e incluso internacional (Aguiar, 2006).

Las comunidades indígenas ocupan espacios privilegiados para el cultivo de sustancias ilegales. La falta de infraestructura que permita la comunicación (no hay señal de teléfono en muchas zonas o incluso electricidad), favorece el tráfico de personas y el paso de mercancías. Además, la pobreza que impera en los espacios rurales y la falta de oportunidades económicas obliga, en ocasiones, a que los campesinos participen en el cultivo de amapola y marihuana en sus terrenos, y que los hombres formen parte de las redes del narcotráfico, y así no tienen que emigrar en busca de trabajo. En este sentido, "la violencia estructural, la pobreza y la marginación, hacen entonces a los habitantes de comunidades indígenas y campesinas más vulnerables a la penetración de las narcomafias" (Gasparello, 2016, p.88).

Gasparello (2016) señala que las comunidades indígenas están sujetas a dos fenómenos. Por un lado, la penetración de los grupos de narcotráfico modifican su forma de vida, ya que reclutan a la población, quien es sujeta de amenazas e incluso ejecuciones individuales o masivas. Por otro lado, la presencia de las fuerzas armadas en estas regiones implica múltiples violaciones a los derechos humanos de la población. Cendejas, Arroyo y Sánchez (2015) matizan que: "La subordinación del orden local a nuevos actores como el crimen organizado y el capital transnacional, y la probada colusión de diversos agentes del gobierno y las fuerzas de seguridad con la ilegalidad ha creado un escenario de alto riesgo para las comunidades indígenas" (p. 257).

En el caso específico de los tepehuanos del sur, Rubio y Pérez (2016) citadas en Rangel y García (2007), señalan que, entre el

2010 y 2011, muchas familias del municipio del Mezquital "fueros testigos de masacres, asesinatos, amenazas, desapariciones, secuestros y reclutamiento forzado de los hombres de las zonas serranas por parte de grupos delictivos" (p. 183); ciertos operativos han ocasionado el éxodo de numerosas familias.

DESCRIPCIÓN METODOLÓGICA

El presente estudio se enmarca en el paradigma interpretativo, el cual considera a la educación como una construcción social y se centra en las interpretaciones que los actores que participan en la misma le otorgan a dicho fenómeno (Santamaría, 2013). También se emplea el enfoque cualitativo, el cual tiene el propósito de dar sentido a los fenómenos de acuerdo con los significados que las personas le otorgan (Rodríguez, Gil y García, 1996). Además, se enfoca en comprender las acciones de los sujetos de acuerdo con sus experiencias (Rodríguez, 2003).

Para examinar el fenómeno de la violencia de acuerdo con la experiencia de las mujeres indígenas que participaron en este estudio, se hizo uso del método de historia de vida, el cual se inserta dentro de la investigación cualitativa, ya que "busca descubrir la relación dialéctica, la negociación cotidiana entre aspiración y posibilidad, entre utopía y realidad, entre creación y aceptación" (Chárriez, 2012, p.50). Esta autora considera que esta metodología toma en cuenta el aspecto afectivo de las experiencias de los sujetos investigados, adoptando una perspectiva holística. Ferraroti (2007) aporta que las historias de vida tienen el potencial de expresar "lo vivido cotidiano de las estructuras formales e informales, de ahí su aporte fundamental a la investigación social" (p. 15).

En concordancia con el método de historias de vida, en esta investigación se utilizó como instrumento la entrevista a profundidad. Ruiz (2015) explica que la entrevista a profundidad es una forma de aproximarse a la comprensión de la realidad de una persona, a través de la interacción. Por su parte, Varguillas y Ribot de Flores (2007) consideran que propicia un intercambio de significados a través de la comunicación: el entrevistado explica su visión del mundo y el entrevistador trata de interpretar esa explicación.

Para este estudio se entrevistó a seis informantes clave, cuyas características se detallan en la tabla 2. Cabe mencionar que, se utilizaron seudónimos en lugar de sus nombres propios, para proteger su identidad.

Tabla 2. Características de las informantes clave

Seudónimos	**Grupo indígena**	**Municipio**	**Estado de procedencia**
Briseida	Tarahumara	Guadalupe y Calvo	Chihuahua
Peli	Tarahumara	Guachochi	Chihuahua
María	Tarahumara	Samachique	Chihuahua
Liliana	Tarahumara	Urique	Chihuahua
Sandra	Tepehuana del sur	El Mezquital	Durango
Julia	Tepehuana del sur	El Mezquital	Durango

Fuente. Elaboración propia, basada en los datos proporcionados por las alumnas.

RESULTADOS Y ANÁLISIS

Una vez realizadas las entrevistas a profundidad, se procedió a transcribirlas de manera textual. Posteriormente, se analizaron las transcripciones y se identificaron las temáticas en categorías de análisis para explorarlas a detalle. Las categorías delimitadas fueron: experiencias de vida, oportunidades laborales y económicas, rol de las autoridades y práctica docente: presente y futuro.

EXPERIENCIAS DE VIDA

Las historias de vida de las estudiantes entrevistadas están marcadas por enfrentamientos, secuestros, desapariciones, tortura y asesinatos, producto de la violencia provocada por la presencia del crimen organizado en sus comunidades. Sus recuerdos de este tipo de incidentes ocurren en etapas tempranas de sus biografías, como se evidencia en el relato de Sandra:

> Fue cuando tenía ocho años, estaba en la escuela, me acuerdo cuando vimos que llegaron varias camionetas de los grupos armados, cárteles y todo eso, llegaron y quemaron unas casas. Nos decían los maestros: "agáchense y no volteen, no vean", pero, pues, lo que alcancé a ver sí quemaron algunas viviendas y se llevaron a unas personas. Y, pues, sí fue muy feo para mí, me asusté mucho, en ese momento. La escuela está arriba del barranco, y desde ahí se veían todas nuestras casas. Vimos que la casa que quemaron era de uno de mis compañeros, él estaba llore y llore. Se llevaron a su papá. Mi compañero ya no fue a la escuela, se fue de la comunidad con su mamá y sus hermanos; nunca supieron qué le pasó a su papá.

Esta experiencia de Sandra se vincula de manera estrecha por lo señalado por Rangel y García (2007) acerca de las familias tepehuanas de El Mezquital, quienes fueron testigos de asesinatos, desapariciones y secuestros por parte del crimen organizado, lo que ocasionó un fenómeno migratorio entre el 2010 y 2011. Por su parte, Julia recuerda que su primer encuentro cercano con el crimen organizado ocurrió cuando comenzó la escuela secundaria:

> Fue en el 2015, en el día del maestro precisamente. Iba a haber una kermese en el pueblo y mi familia y yo fuimos al centro a vender. De pronto así nomás de la nada se empezaron a escuchar disparos y todos corrieron a esconderse hasta la oficina de concreto. Cuando mi mamá y yo íbamos corriendo hacia allá, a mi mamá le pasó una bala por su cabeza, pero, pues, gracias a Dios no le dio. Después llegaron policías y soldados, después camionetas incendiadas, hasta que se calmó. Y, pues, desde ahí empezó, bueno, antes de eso también había, pero, pues, yo era una niña y no me di cuenta hasta ese día.

La mayoría de las informantes clave han vivido en su núcleo familiar las consecuencias de la violencia provocada por el crimen organizado. En el año 2015 "levantaron" al hermano mayor de Liliana, y desde entonces no saben nada de él; su familia cree que está muerto, pero no han recuperado su cadáver. Ella explica que su hermano no estaba involucrado en actividades ilícitas, pero que, en ocasiones, por rumores y mala información, se generan malentendidos, lo cual provoca este tipo de actos de violencia.

De este tipo de manejo de información fue testigo Sandra, también, en el caso de su abuelo, ya que "decían que él se robaba el ganado, las vacas, entonces, lo levantaron que porque hacía eso. Lo golpearon, pero gracias a Dios lo soltaron". Asimismo, Julia ha sido testigo de cómo "levantan" a personas que no forman parte del crimen organizado por estas cuestiones: "yo pienso que por los rumores, porque vieron a alguien platicando con otra persona del bando contrario, creen que les está dando información, aunque solo se estén dando la hora". Lo anterior refuerza la afirmación de Gasparello (2016), acerca del aumento del miedo y la desconfianza entre los miembros de una misma comunidad.

Evidentemente, esto provoca que los habitantes experimenten temor por la sensación constante de peligro inminente e impotencia, ya que cualquier persona, sea partícipe o no, puede ser la siguiente víctima, como revela Julia:

> Nomás porque decían que eran del lado contrario, pues, los levantaban, los torturaban, los golpeaban. Fue muy feo porque siempre tenías como ese miedo a que algún día te pase a ti, siendo que no estás haciendo nada, porque incluso levantaron a un señor muy grande y lo desaparecieron por un rato. De ahí ya no supe si lo encontraron o no. Era un señor que todo el mundo lo conocía y que era muy buena persona.

Estar en medio de un conflicto de manera involuntaria, del que no han elegido ser partícipes, es un sentimiento que también experimenta María. Pero no solo es el temor de que les pase algo terrible cuando ni siquiera están directamente involucradas en las actividades derivadas del crimen, sino que, involuntariamente, son parte de la guerra que se genera debido a ellas. Es un ejemplo de lo que Wade (2011), citado en Hernández (2019) afirma sobre cómo la violencia de las fuerzas del Estado y del crimen organizado, aunque no sea de naturaleza racial, sí tiene efectos raciales, al afectar de manera desproporcionada a las poblaciones indígenas.

> El jefe de ahí hace tiempo comentó eso, que teníamos que estar preparados, que iban a llegar a matarnos a toda la gente de ahí. Entonces, lo que teníamos que hacer es ayudar al jefe y agarrarnos contra ellos. Esa parte sí me preocupa mucho porque nosotros estamos involucrados en esto cuando nosotros no tenemos nada que ver contra ellos, los únicos que tenían problemas eran ellos.

Al igual que Liliana, María perdió a uno de sus hermanos mayores. Comenta que, antes de que el crimen organizado llegara a su comunidad, hubo un incidente en el que amenazaron a su tío, por lo que sus primos salieron en su defensa, ante la falta de apoyo por parte de las autoridades. Cuando ella tenía cuatro años, se dio cuenta de que su hermano estaba involucrado con ellos.

> Mis primos andaban en eso, era cuando andaban iniciando, tratando de defenderse por su cuenta porque no se hacía nada por ayudarlos. Entonces, allá voy yo en la calle bien noche siguiendo a mi hermano. En eso se escuchan gritos y mi hermano se da cuenta de que estoy ahí y me dice que por qué lo estaba siguiendo. Mi hermano me dejó amarrada debajo de un puente para que no me pudiera mover, me dijo; "no te muevas, no te salgas, no grites", y ahí me quedé. Vi a mis primos y a otros llegar con palos. Yo había escuchado que mataban a la gente por peleas. Se agarraron ahí, en frente de la carretera. Ellos querían defenderse porque ya les habían amenazado.

Finalmente, su hermano se aleja de esas actividades, emigra a la ciudad de Cuauhtémoc y, posteriormente, a la capital del estado, así como muchas otras personas que huyen de la violencia provocada por el crimen organizado en la Sierra Tarahumara (Lara y Vera, 2019). María prosigue: "Hasta ahí se le terminó la vida. No sabemos qué pasó, nomás vimos el cuerpo en la fiscalía. Tenía golpes, nunca supimos quién lo hizo, aunque levantamos la denuncia. Sospechamos que son personas del pueblo, ya amenazaron a mi otro hermano". Lamentablemente, las amenazas no se quedaron en palabras. Su hermano menor, violinista muy requerido en las fiestas tradicionales de la comunidad, amaneció después de una celebración en una casa que desconocía, con quemaduras graves.

¿Cómo afecta esta situación a las entrevistadas y a sus familias? En dos de los casos, explican que quienes se preocupan más son los miembros de mayor edad, especialmente las abuelas. En palabras de Julia: "A mis abuelas las veo más asustadas que a mi mamá, porque nunca habían vivido algo así, pensaron que ya no iba a pasar. Tienen mucho miedo, nomás ven unas camionetas que pasan y dicen: "ahí vienen, ya vámonos". Mientras que Sandra explica: "Salíamos a la plaza por algo y decían que iban a quemar las casas. Entonces, mi abuelita sacó todo, los papeles y lo importante, y lo puso en el corral. Ella dormía fuera de la casa: tenía miedo".

OPORTUNIDADES LABORALES Y ECONÓMICAS

Al respecto, Julia conoce a personas que están involucradas en el crimen organizado, y cuando está en su comunidad, incluso, habla con ellos: "Les he visto de civiles como gente común y me he dado cuenta de que son adolescentes los que están haciendo eso, he platicado con ellos incluso, porque están todos los días, no sé si están vigilando, o así, pero yo les pregunto: "¿por qué lo hacen?". Me dicen que pues por necesidad más que nada, y les digo "pero, ¿qué necesidad?". Pues, es trabajo, es lo único que me dicen".

Al preguntarle sobre las oportunidades laborales que hay en su comunidad, reconoce que no abundan: "No había nada, pero ahorita se implementó Sembrando Vida y también había personas que migraban a Zacatecas para la pisca. Pero desde que empezó esto del crimen organizado, dejaron a un lado la pisca". A Sandra, su familia le ha contado que, antes de que ella naciera, había un aserradero en la comunidad donde trabajan sus padres y la mayoría de los miembros de su pueblo. Sin embargo, ya está cerrado

Reyes (2006) explica que, ante la falta de oportunidades laborales en las comunidades se han creado programas de migración para los jornaleros agrícolas por parte de SEDESOL para apoyar económicamente a la población, sin embargo, la presencia de los grupos armados ha modificado la forma de vida de los habitantes provenientes de un pueblo originario, quienes son recluidos por estos colectivos.

Por su parte, Briseida señala que son muchas las personas de su pueblo que trabajan en el cultivo de marihuana y amapola:

> Llegan personas, yo creo los jefes de las tierras, y se los llevan a trabajar, y ellos dicen que sí. La gente se va voluntariamente, les platican que les va a ir muy bien. Pero no es verdad, hay personas que se fueron hace seis meses, se supone, a trabajar y que no se pueden regresar porque no tienen dinero. La gente que regresa dicen que los maltratan, que les pagan bien, pero que a la vuelta los paran y les quitan el dinero. La verdad, no entiendo por qué se van muchos para allá, o sea, si saben que, pues, los tratan mal.

Sin embargo, al cuestionarle por qué cree que las personas se arriesgan a trabajar en esas actividades, y preguntarle si hay otras oportunidades laborales en su pueblo, admite que, si bien existe una mina que ofrece prestaciones y un buen sueldo, piden un grado de educación mínima, y son contados los habitantes de su pueblo que han terminado el nivel primaria. Resulta evidente que son pocas las opciones de trabajo para los habitantes de la Sierra Tarahumara. No hay mucho terreno cultivable y en el que sí se facilita la agricultura pertenece a población no indígena (Saucedo y González de la Fuente, 2011). Además, la explotación forestal que es la principal industria, ofrece bajos salarios (Fujigaki, 2020).

A su vez, Sandra nos explica el riesgo que implica el que los jóvenes de su comunidad se involucren en actividades ilícitas para tener un sustento.

> Los jóvenes que ya no quieren estudiar se van a trabajar en los cárteles o al cultivo porque ahí sacan mucho dinero, pero a la vez es peligroso. Muchos de mis compañeros de la prepa se han metido a esas cosas, de hecho, acaba de fallecer uno. A veces se van, y luego no les gusta por alguna razón y se regresan, pero

> ya viven escondidos, ya no con la libertad de antes de andar ahí como si nada.

Como se evidencia en el relato de Sandra, es común que las estudiantes tengan conocidos que ingresan a los cárteles, normalmente antiguos compañeros de la escuela. En este sentido, Briseida explica su experiencia con uno de ellos:

> Un amigo, y dice que, según, él no es, pero sí es, porque una vez me dijo que tenía que cuidar una carretera que porque iban a venir otras personas, entonces, yo le pregunté por qué tenía que vigilar y no me quiso decir. Luego, luego se sabe, además, se tienen que cuidar mucho, no puede salir solo, siempre en compañía.

Los relatos de Briseida y Sandra respecto a cómo sus amigos optan por ingresar a los grupos del crimen organizado como opción laboral, ante la falta de otras oportunidades, muestra cómo las condiciones de pobreza y marginación de los habitantes de las comunidades indígenas los vuelve más vulnerables a la penetración de las narcomafias (Gasparello, 2016).

EL ROL DE LAS AUTORIDADES

El abuelo materno de Peli fue gobernador indígena. De pequeña, su madre pasaba largos periodos en la cabecera municipal, observando las tareas que su padre realizaba. Ella es quien le ha contado a su hija que el rol de las autoridades indígenas ha ido perdiendo fuerza y relevancia. Peli lo asocia con el fenómeno de desarraigo que la migración forzada a los centros urbanos genera en la identidad de las personas indígenas.

> Antes, a las personas que robaban o se habían peleado, las llevaban y las metían al cuadro; las llevaban las otras personas, como policías que trabajaban con el gobernador. Ahí se ponían a platicar hasta que arreglaban el problema, los calmaban. Ahora ya como que se perdió, no hay respeto ya por la autoridad que era el gobernador de ahí de la comunidad. ¿Por qué? Las personas viajan, vienen a las ciudades, y cuando regresan ya no les importa.

Briseida señala, también, que el gobernador indígena de su comunidad no se involucra en las problemáticas ocasionadas por el crimen organizado, sino en otro tipo de conflictos que se generan en el pueblo: "por ejemplo, que hay una situación entre familias o que fueron y cortaron madera sin permiso. Si se reconoce a la persona la llevan con el gobernador. Pero solo eso". Sandra tiene un tío que ocupó el cargo de comisariado indígena de la comunidad a la que pertenece, y hasta él ha sido víctima de las prácticas de los grupos armados: "recuerdo que una vez que venían para Durango y, pues, los pararon en una curva, les salieron y los bajaron. No me dijeron qué les preguntaron, nomás que eso pasó, pero los dejaron ir".

María adopta una postura crítica al señalar que, "el gobernador indígena no podía con los malandros. Hace tiempo había muchos, decían: "vamos a atacar a esta familia" y dejaban la casa hecha garra. Las personas se tenían que defender porque no se hacía nada para ayudarlos".

Como explica Aguiar (2006), la violencia generada por el crimen organizado y el narcotráfico está fuera del campo de acción de las autoridades indígenas, al ser un fenómeno a nivel federal e internacional. Por su parte, Julia reflexiona que el juez, o el gobernador indígena de su comunidad, actúa a nivel preventivo, aconsejando a las familias:

> El juez dice que tenemos que protegernos entre nosotros, porque ya todos nos conocemos, sabemos a qué se dedica cada uno, y luego, pues, sí va a haber uno que otro que sí va a estar infiltrado, es de ley, pero, pues, ya como el juez nos conocía, pues, iba como quien dice personalmente a cada uno de los lugares para decirnos qué acciones tomar o así. Nos recomendó lo básico: por ejemplo, no salir tan noche, y si queríamos viajar a otra comunidad, pues, que sea de día y, pues, llevar comida suficiente y gasolina para ir y regresar el mismo día.

Respecto al rol del Ejército y los policías, alumnas de los dos estados tienen experiencias similares. Liliana comenta que cuando hay algún enfrentamiento en su comunidad, ayuda la presencia de los soldados para que se calme la violencia, pero es solo por unos días, y cuando ellos se retiran los conflictos vuelven a darse. Julia explica una situación similar que ocurre en su comunidad:

> En julio empezaron a llegar muchos soldados, acamparon ahí en el albergue, se calmó porque los soldados estaban ahí siempre. Pero en septiembre fue el Día del soldado y algunos se fueron, luego, pues, había rumores de que los malos habían vuelto. Aprovecharon que no estaban, y luego, pues, así hacían sus rondines y ya cuando sabían que estaban los soldados cerca se iban o se escondían.

Por su parte, Briseida explica que los ranchos pequeños de la zona se dividen en secciones, y cada sección tiene sus propios policías. Sin embargo, advierte que están coludidos con los grupos del crimen organizado, por lo que la población no recurre a ellos en caso de que ocurra algún conflicto. Como explican Cendejas et al. (2015), se ha comprobado tanto la complicidad de algunos agentes del gobierno y sus fuerzas de seguridad con el crimen organizado, lo que provoca un mayor riesgo para los habitantes de las comunidades indígenas. Ellos se ven fuertemente afectados por dos aspectos: por una parte, el crimen organizado modifica su forma de vida y recluta a la población y, por otra, las fuerzas armadas cometen múltiples violaciones a los derechos humanos de los habitantes de pueblos originarios (Gasparello, 2016).

CATEGORÍA: PRÁCTICA DOCENTE, PRESENTE Y FUTURO

Briseida conoce de primera mano la difícil situación que experimentan las maestras al ejercer su ejercicio docente en su comunidad y resalta el conflicto al que se enfrentan al decidir si intervienen o no en alguna problemática que detectan en la familia de sus estudiantes:

> Hay maestras que sí se meten, por ejemplo, a ayudar a las familias. Acá donde yo vivo querían golpear a una maestra que vive ahí. Había un niño que lo golpeaban mucho en su casa y la maestra quiso ayudar al niño y, pues, es cuando quisieron correr a la maestra. Es cuando dijeron "la maestra también está involucrada

> en cosas malas". Yo digo que hay cosas en las que no se pueden involucrar tanto de la familia, porque hay muchos tipos malos.

Por su parte, María considera que hay cierto espacio para accionar en este sentido y lograr asesorar a sus estudiantes en caso de que muestren interés por involucrarse en actividades ilegales, pero también está consciente de sus límites y hasta dónde puede intervenir.

> Si un niño dice: "no quiero ir a la escuela" y de ahí se mete a hacer eso, pues, ni cómo decirle que no se meta ahí, ahí me metería en problemas hasta con el jefe de ellos. Pero si están dudando, podría llegar a ayudarlos, a aconsejarlos, a animarlos a la escuela para que entiendan que la vida no es correcta así. Pero si ya andan entrados, yo ya no puedo meterme ahí.

Durante las jornadas de práctica docente que ha realizado en su comunidad, como parte de las asignaturas de la licenciatura que cursa, Briseida también ha sido testigo del incremento en la violencia social, similar a una guerra civil (Gasparello, 2016), y el impacto que esto tiene en los alumnos de primaria. Cuenta el caso de uno de sus estudiantes de primer grado, cuyo padre falleció: "Un día que estábamos hablando de la familia, él me dijo: "Yo no tengo papá, maestra", le pregunté por qué, y dijo: "lo mataron, se lo llevaron. Encontramos unos huesos acá en un arroyito y yo creo que es mi papa porque ya nunca llegó". Me contó y yo casi lloraba cuando lo escuchaba.

De acuerdo con la experiencia de Sandra, los niños desde que cursan la escuela primaria están familiarizados con las actividades económicas que realiza el crimen organizado e, incluso, son partícipes de ellas o lo quieren ser en el futuro.

> Cuando le pregunto a un alumno por qué faltó un día, me contesta: "Ah, es que mi papá me llevó allá donde tienen sembrada la goma". Al niño que uno se tope ya sabe lo que es la marihuana, la goma. En las secundarias se escucha: "yo voy a entrar a tal grupo porque ganan mucho dinero". Y dejan sus estudios para dedicarse a eso.

Briseida ya ha concluido su licenciatura en educación primaria y en el momento en el que se realizó la entrevista estaba a pocos meses de ingresar al mundo laboral. Muchas de las estudiantes indígenas de la institución desean obtener una plaza permanente como docente en su comunidad de origen, es decir, regresar a sus raíces y ofrecer a los niños de su pueblo una educación en lengua indígena, como la que ellas no tuvieron. Sin embargo, Briseida no está tan segura de querer seguir este camino. Ella explica: "Si me quedo en mi comunidad, pienso que lo mejor sería no ir a la escuela y trabajar en virtual. En la cabecera sí me siento segura, la violencia no se da en todos lados, pero en mi pueblo no quisiera trabajar. No es todo el tiempo, depende, o sea, por ejemplo, cuando se da las amapolas es cuando más se da, porque llegan personas de diferentes lugares".

María, madre de un niño de 5 años, pondera la situación de la violencia en su comunidad, no solo como factor que incide en su futuro como docente, sino también en cuanto a los planes de su proyecto de vida.

> Ay no, pues, pienso ya no traer a nadie al mundo, ya. O a lo mejor podría, a lo mejor todavía que no está tan fuerte el problema, puedo incluso trabajar allá y tener a mi niño. Pero en el momento en el que lleguen problemas muy fuertes salir de ahí, pedir cambio y buscar un lugar más seguro. Es lo que he pensado por el bien del niño.

Por otro lado, a Liliana le falta un año para egresar de la licenciatura y obtener el título de maestra. La violencia en su comunidad no había sido un factor a considerar para tomar la decisión de ejercer la docencia en su lugar de origen, pero un evento reciente la ha hecho dudar. Recuenta el asesinato de los sacerdotes jesuitas que laboraban en la comunidad de Cerocahui, en la Sierra Tarahumara, ocurrida hace tan solo unos meses. El contacto de los rarámuris con la iglesia católica es frecuente. En el caso de Liliana, debido a la falta de escuelas de educación básica en su pueblo, cursó toda la educación básica en instituciones educativas que funcionaban como albergues dirigidos por monjas católicas, una práctica común en la Sierra Tarahumara. Comenta que siempre se sintió segura con ellas, porque eran figuras respetadas por el crimen organizado: "Las hermanas tenían una estampa en su troca que las identificaba y las dejaban pasar sin problemas. Lo que pasó ahora me hace dudar si sería peligroso ser maestra ahí, si ahora ni siquiera a ellos los respetan".

Los testimonios de Briseida, María y Liliana ejemplifican lo complejo que resulta la presencia del crimen organizado en las comunidades de la Sierra Tarahumara para el ejercicio docente, y el riesgo al que se enfrentan en su práctica diaria (Pintado, 2020). Son aspectos que inciden directamente y de manera relevante en las decisiones que van a tomar a futuro, respecto a su ejercicio profesional, y marcan su desarrollo como docentes.

CONCLUSIONES

Aunque en México la violencia militar no ha desplazado a tal cantidad de personas como en otros países latinoamericanos, como el caso de Colombia, la magnitud de este conflicto y su afectación a nivel de movimientos sociales es una preocupación política que va en aumento, como se ha evidenciado en regiones de Guerrero, Oaxaca y Chiapas (Hernández, 2010). Esta violencia que experimentan las mujeres indígenas en el contexto de la guerra contra el narcotráfico, "reproduce estrategias de guerra antiguas que han formado formas cada vez más violentas en el contexto de las guerras informales, lo cual tiene efectos raciales en los territorios indígenas debido a las condiciones de vulnerabilidad en estas poblaciones" (Hernández, 2010, p. 14).

Los relatos de las estudiantes entrevistadas muestran que la violencia provocada por el enfrentamiento entre el crimen organizado y las fuerzas armadas del Estado, han marcado sus biografías desde una temprana edad y sus efectos inciden en las decisiones que van a tomar respecto a su futuro ejercicio profesional docente. La mayoría de ellas ha tenido pérdidas familiares debido a este conflicto, muchas veces con procesos no resueltos, como la desaparición de hermanos mayores o el hallazgo de sus cadáveres sin una explicación de su muerte. Esta situación trastoca también la vida en la comunidad, genera miedo y desconfianza entre sus miembros y provoca consecuencias fatales para sus integrantes.

Ellas observan que se ha perdido el respeto por la autoridad que anteriormente tenían los gobernadores indígenas en las comunidades, cuyo rol actual se reduce, en algunos casos, a aconsejar a las familias sobre las precauciones que pueden tomar para evitar ser víctimas de este conflicto; aspecto que, como evidencian los testimonios de las alumnas, es difícil de evadir. Aunque no estén directamente involucradas, la sensación de temor constante por la inseguridad generada, aunado a la falta de apoyo por las autoridades del Estado, las hace sentir impotentes e indefensas.

Por otra parte, entienden que, para muchos de los habitantes de sus comunidades, la falta de oportunidades laborales los lleva a involucrarse en actividades relacionadas con el crimen organizado. Observan como esta dinámica se refleja en las aspiraciones que sus estudiantes de práctica manifiestan, y la manera en la que también le afecta a nivel personal, debido a las pérdidas familiares como consecuencia de la participación en estas tareas.

Como futuras líneas de investigación, se plantea explorar el rol que la mujer indígena desempeña en estos contextos de violencia provocada por el narcotráfico, así como vincularlo con las otras violencias de las que son víctimas. A su vez, analizar cómo el cambio en las actividades económicas a las que se dedican los habitantes indígenas modifica su identidad cultural, en relación con sus tradiciones y costumbres.

Referencias bibliográficas

Aguiar, J.C. (2006). "Las políticas de seguridad publica en América Latina: policía, violencia y narcotráfico en México". *European Review of Latin American and Caribbean Studies*, 81, 115.121.

Aparicio, M. (2008). "La libre determinación y la autonomía de os pueblos indígenas, el caso de México". Boletín Mexicano de Derecho Comparado, 124, 13-38.

Cendejas, J.M., Arroyo, O. y Sánchez, A. (2015). "Comunalidad y buen vivir como estrategias indígenas frente a la violencia". *Revista Pueblos y Fronteras Digital,* 10(19), 257-284.

Chárriez, M. (2012). "Historias de vida: Una metodología de investigación cualitativa". *Revista Griot,* 5(1), 50-67.

De la Cerda, R. (1943). "Los tepehuanes". *Revista Mexicana de Sociología,* 5(4), 541-567.

Ferrarotti, F. (2007). "Las historias de vida como método. Convergencia". *Revista de Ciencias Sociales,* (44), 15-40.

Fujigaki, A. (2020). "Caminos rarámuri para sostener o acabar el mundo. Teoría etnográfica, cambio climático y antropoceno". *MANA,* 26(1), 1-35. http://doi.org/10.1590/1678-49442020v26n1a202 e261202

Gasparello, G. (2016). "Autonomías indígenas en México: construir la paz en contextos violentos". *Quaderns-e,* 1(21), 81-97.

González, N.L. (2015). "Mujeres indígenas rarámuri universitarias: su resistencia a la opresión". *Cuadernos de campo,* 24, 223-243. https://doi.org/10.11606/issn.2316-9133.v24i24p223-243

Hernández, R. (2010). Racialized geographies and the "War on Drugs": Gender violence, militarization, and criminalization of indigenous peoples. *The Journal of Latin American and Caribbean Antrhopology,* 24(3), 1-18. https://doi.org/10.1111/jlca.12432

Lara, J.F. y Vera, A.H. (2019). "Organización e interacción rarámuri en ámbtios urbano-fronterizos, análisis del asentamiento indígena Colonia Tarahumara de Ciudad Juárez". *Theomai,* 40, 76-95.

Ley, S., Mattiace, S. y Trejo, G. (2019). "Indigenous resistance to criminal governance: why regional ethnic autonomy institutions protect communities from narco rule in Mexico". *Latin American Research Review,* 54(1), 181-200. https://doi.org/10.25222/larr.377

Pintado, A.P. (2004). Tarahumaras. México: Comisión Nacional para el Desarrollo de Ios pueblos indígenas.

Pintado, A.P. (2020). "Extranjeros en su tierra: prácticas racistas y colonialidad del poder hacia los Ralámuli de la Sierra Tarahumara". *Boletín de Antropología,* 35(59), 108-129. https://doi.org/10.17533/udea.boan.v35n59a07

Rangel, E. y García, R. (2007). "Artesanía y desplazamientos tepehuanes. Un estudio etnográfico en la región del gran Nayar". *RH UJED,* 8, 38-52.

Reyes, J. A. (2006). *Tepehuanes del sur.* México: Comisión Nacional para el Desarrollo de Ios pueblos indígenas.

Rodríguez, G., Gil, J. y García. E. (1996). *Metodología de la Investigación Cualitativa.* Málaga: Ed. Aljibe.

Rodríguez, J. (2003). "Paradigmas, enfoques y métodos en la investigación educativa". *Revista del Instituto de Investigaciones Educativas*, 7(12), 23-40.

Ruíz, J.J. (2015). "Las entrevistas en profundidad y la biografía". *Revista San Gregorio,* 1, 48-55.

Santamaría, J.S. (2013). "Paradigmas de investigación educativa: de las leyes subyacentes a la modernidad reflexiva". *Entelequia,* revista interdisciplinar, (16), 91-102.

Saucedo, E. y González de la Fuente, I. (2011). "Singularidades de un sistema de gobierno indígena del norte de México. El carácter interétnico y etnojerarquizado del sistema de cargos ódami". *Revista Española de Antropología Americana,* 41(2), 349-367. https://doi.org/10.5209/REV_reaa.2011.v41.n2.3

Sierra, M.T. y Aragón, O. (2013). "Los pueblos indígenas y los desafíos del derecho en contextos neoliberales. Entre el uso estratégico, el despojo y la criminalización". *Revista de Estudios y Pesquisas sobre as Américas,* 7(2), 3-10.

Varguillas, C.S. y Ribot de Flores, S. (2007). "Implicaciones conceptuales y metodológicas en la aplicación de la entrevista a profundidad". *Laurus,* 13(23), 249-262.

Capítulo 3

Jóvenes desplazados forzados por violencia en la escuela: un estudio de representaciones sociales en los profesores sinaloenses

JESSICA AYÓN ZÚÑIGA1

Resumen

El objetivo de este artículo es presentar los resultados de una investigación sobre las representaciones sociales de un grupo de profesores sinaloenses acerca de los jóvenes desplazados forzados por violencia que se insertan en las aulas sinaloenses. Los datos se recopilaron a través de entrevistas y cuestionarios. Para el análisis de la información se ejecutaron técnicas de análisis de contenido y análisis del discurso argumentativo. Este estudio permitió establecer un primer diagnóstico psicosocial del estado que guarda la educación de los jóvenes desplazados por violencia en Sinaloa desde el pensamiento social de los profesores.

Palabras clave: desplazamiento, jóvenes, educación.

INTRODUCCIÓN

El desplazamiento forzado por violencia (DFV) es un problema con presencia mundial que, de acuerdo con el Alto Comisionado de las Naciones Unidas para los Refugiados (2022) (ACNUR), al cierre del 2021 existían 89.3 millones de personas desplazadas de manera forzada en el mundo, de las cuales, 53.2 millones corresponden a personas desplazadas internamente, es decir, personas

---

[1] Universidad Autónoma de Sinaloa. Correo: jessica.ayon.fce@uas.edu.mx

que han sido forzadas a abandonar su hogar y su vida tal como la conocían con el fin de salvaguardar su integridad ante un incremento repentino de violencia, pero que en este desplazamiento no han traspasado las fronteras de su propio país (Organización de las Naciones Unidas. Comisión de Derechos Humanos [ONU-CDH], 1998).

En el caso de México, según el Internal Displacement Monitoring Centre,[2] en 2021 se registraron 48 000 nuevos desplazados, de los cuales, 29 000 fueron relacionados con desplazamientos a causa de conflictos y violencia, cifra que se triplicó en relación con el 2020, sumando un total de 379 246 mexicanos que han sido desplazados a causa de la violencia asociada a grupos del crimen organizado, disputas de tierra y conflictos políticos.

En Sinaloa, según la Comisión Estatal de los Derechos Humanos, en su último informe sobre desplazamiento forzado realizado en 2013, el desplazamiento es un fenómeno que ha estado presente en la entidad, que conlleva graves consecuencias psicológicas, físicas, económicas y sociales; es clasificado por diversas organizaciones nacionales e internacionales como una crisis humanitaria de atención urgente, debido a que los derechos humanos de los desplazados por violencia, incluido su derecho a la educación, son violentados día a día y los coloca en una situación de marginalidad y vulnerabilidad constante.

De acuerdo con la Comisión Mexicana para la Defensa y Protección de los Derechos Humanos (CMDPDH, 2019), el DFV en México se presenta a partir de dos fenómenos concretos; el primero hace referencia a la violencia y las violaciones de derechos humanos por parte de criminales; el segundo, surge como una forma de prevenir las consecuencias, ya que cuando las personas huyen de sus hogares lo hacen para protegerse, siendo esta una medida temporal y momentánea. Sin embargo, pueden pasar

---

[2] Centro de Monitoreo de Desplazamientos Internos, el cual es un organismo que tiene como propósito brindar y analizar datos acerca del desplazamiento interno en el mundo.

días, años o incluso el retorno al lugar de origen puede no ocurrir, por lo que en esta espera, las personas desplazadas agotan sus recursos hasta llegar a quedarse sin dinero, sin pertenencias, sin techo, sin ropa y sin comida, dejándolos en un estado de vulnerabilidad e indefensión.

El DFV se manifiesta dentro de una triada conformada por los sujetos generadores de violencia pertenecientes a los grupos del narcotráfico, por las víctimas de estos sujetos y finalmente por los elementos de seguridad pública desplegados desde el gobierno. En Sinaloa, el DFV ha sido un problema manifestado por décadas, debido a las disputas constantes por el control de territorios, lo que ha obligado a comunidades enteras a huïr para evitar ser asesinados, extorsionados, secuestrados, torturados u obligados a realizar trabajos forzados dentro de los cárteles de la droga (Rubio, 2014).

Otra de las características de los contextos de DFV es la violencia que los rodea y que los constituye, tanto dentro de su estructura como desde la que es ejercida contra quienes no están vinculados directamente en la cadena del tráfico de drogas. Definir la violencia en estos contextos no es tarea fácil debido a la pluralidad de sus manifestaciones; no obstante, partiendo de lo general a lo específico, se rescata la conceptualización de la violencia por parte de la Organización Mundial de la Salud (OMS, 2002) descrita como un problema de salud pública que se caracteriza de igual manera tanto para la violencia interpersonal, el comportamiento suicida y los conflictos armado y se refiere al: "Uso deliberado de la fuerza física o el poder, ya sea en grado de amenaza o efectivo, contra uno mismo, otra persona o un grupo o comunidad, que cause o tenga muchas probabilidades de causar lesiones, muerte, daños psicológicos, trastornos del desarrollo o privaciones (p. 3).

En ese mismo tenor, se considera a las amenazas e intimidaciones como actos de violencia que conllevan consecuencias de salud, estrés, depresión, ansiedad, conductas suicidas, consumo de drogas, privaciones y deficiencias en el desarrollo que afectan tanto a individuos como a comunidades en su infraestructura y prestación de servicios. En tanto que el ejercicio de la violencia colectiva se da desde un grupo hacia a otro con fines políticos y/o sociales, como es el caso del crimen organizado que se ve promovido por la ausencia de democracia, desigualdad social y desequilibrios en el acceso a oportunidades y recursos (OMS, 2002).

Por su parte, el informe del Banco Mundial (BM, 2012) acerca de la violencia juvenil en México, señala a Sinaloa como uno de los estados con mayor aumento de violencia a causa de la presencia de grupos organizados en torno al tráfico de drogas. Añade también, que los niños y jóvenes que crecen en pobreza tienen menor acceso a las oportunidades y a la educación, lo que los lleva a quedar atrapados en un círculo de violencia donde terminan siendo víctimas o agresores, pues a los jóvenes se les atribuyen más de la mitad de los delitos; asimismo, representan casi el 40 % de las víctimas de homicidio. En adición a esto, el Banco Interamericano de Desarrollo (BID, 2013) reafirma que la principal causa de la violencia en México tiene como origen común el narcotráfico, manifestándose en homicidios, extorsiones y desplazamientos forzados para apoderarse de territorios.

En lo que corresponde al ámbito académico, Giménez y Jiménez (2017) señalan la necesidad de abordar el estudio de la violencia desde su carácter plural y heterogéneo, permitiendo así, hablar de violencias y no de violencia, ya que la intencionalidad y las consecuencias suelen ser extremadamente distintas entre el ejercicio de una y otra: la violencia es, en gran medida, una construcción social que está modelada por la cultura y por las relaciones humanas. En este orden de ideas, Feixa y Ferrándiz (2002) destacan el carácter dinámico, pues su conceptualización depende de la visión de los actores involucrados en el acto violento, es decir, las víctimas, los victimarios y los testigos.

Además, Giménez y Jiménez (2017) plantean que se puede clasificar la violencia ocasionada por el narcotráfico en México bajo el paradigma de nuevas guerras, pues se caracteriza por ser una lucha asimétrica, dispersa, descentralizada, de bajo nivel de intensidad y de involucramiento militar, pero se prolonga por más tiempo. Los autores precisan que se utiliza la violencia contra las mujeres y contra la población como arma de guerra; un ejemplo de ello son las generaciones de desplazamientos por violencia debido a las amenazas e invasiones de comunidades que, por su ubicación o condiciones, son estratégicas para que los traficantes continúen con sus negocios ilícitos, que a la vez se envía un mensaje de miedo y de vulnerabilidad, debilitando y dejando a sus víctimas en un estado de indefensión, cuyo mensaje se traslada a toda la población más allá de grupos focalizados (Pérez-Taylor, 2017).

Dicho panorama, Taracena (2017) lo describe como reflejo de una guerra fallida contra el narcotráfico que sigue afectando a la población desde la inseguridad y la violencia, la cual existe a modo de espiral a un nivel social y cultural como resultado de la perversión de los vínculos sociales entre personas, instituciones y el ejercicio de poder por parte del Estado que ha llevado a los jóvenes a ingresar en las filas del narcotráfico. A su vez, Jiménez y Reyes (2017) sostienen que estas condiciones de desigualdad son muestras del fracaso de las instituciones para atender las necesidades básicas de la población, lo que lleva a descomponer el tejido social y crear malestares en la población que se manifiestan en un sinfín de conflictos.

En Sinaloa, el narcotráfico es una realidad tan imbricada en la cultura que forma parte de la cotidianeidad. De acuerdo con Valenzuela *et al.* (2017) desde el Estado mexicano se entiende el narcotráfico como una actividad delictiva e ilícita, generadora de violencia e inseguridad; sin embargo, también es un asunto cultural e identitario que se manifiesta en creencias y prácticas cotidianas desde sus elementos simbólicos en tanto producciones culturales, moda, música, lenguajes y prácticas sociales que lo hacen un fenómeno compartido entre los sinaloenses, no solo entre las personas que se relacionan directamente al narcotráfico.

Algunos investigadores como Moreno *et al.* (2016) advierten de las consecuencias negativas del narcotráfico en la salud pública, la educación, la seguridad y la economía. Además de provocar contextos de desplazamiento por violencia, cuyos estragos son tales que, diversas organizaciones nacionales e internacionales han clasificado al DFV como una crisis humanitaria que exige atención urgente, lo cual se hace evidente con manifestaciones de violencia generalizada, incertidumbre, amenazas constantes, desarraigo, incapacidad del gobierno para hacerle frente; igualmente, ha dado lugar a la resiliencia de las personas para salir adelante pese a la adversidad.

En Sinaloa, las consecuencias más preocupantes que tiene el desplazamiento por violencia en los jóvenes y en la escuela son, por una parte, el estado de vulnerabilidad y de necesidad que puede llevar a los jóvenes a ser reclutados por el crimen organizado; y por otra, la presencia en las aulas de los jóvenes que son generadores del desplazamiento por violencia y su vínculo con el crimen organizado asociado al narcotráfico, factores de amenaza para la vida escolar y la labor docente. Frente a esta situación, la escuela juega un papel primordial en su integración y atención psicosocial, más allá de los contenidos académicos, pues permite atenuar los impactos psicológicos y sociales causantes de situaciones de violencia.

Como afirman Winthrop y Kirk (2005), la escuela funciona como un espacio seguro donde los estudiantes pueden externalizar sus emociones con confianza, ayuda a reducir los impactos psicológicos de la crisis, brinda un sentido de normalidad y estabilidad que permite identificar y ayudar, tanto a la comunidad escolar, como a familias afectadas, resulta un espacio de encuentro e integración. Incluso, la figura de los maestros en la vida de los alumnos que pasan por momentos críticos, según Markham (2012), es fundamental, especialmente por las condiciones propias del fenómeno, pues los padres se ven obligados a ocuparse de cuestiones urgentes, como buscar medios de subsistencia y vivienda, mientras su capacidad para brindarles acompañamiento emocional se encuentra limitada.

Es por ello, que la escuela es un agente social irrenunciable que debe proveer un ambiente de protección a la juventud, tanto en su derecho a la educación como al desarrollo de sus capacidades y anhelos. De acuerdo con Muñoz (2018), la escuela tiene un papel esencial en la generación de nuevas identidades a partir de las potencialidades y talentos de los jóvenes, tanto para evitar la victimización y estigmatización como para alejarlos de las filas del crimen organizado desde la generación y acceso a mejores oportunidades.

Los profesores que trabajan en zonas de desplazamiento, de acuerdo con Cortina (2012) perciben una realidad educativa que implica trabajar y esforzarse más. Necesitan ser más creativos en el uso de pedagogías alternativas, además de buscar apoyos para los desplazados e integrar a las familias a pesar de la sobrecarga laboral, la baja remuneración económica que reciben y el vacío existente en cuanto a políticas y espacios de reflexión en torno al quehacer pedagógico en estos contextos.

DISCUSIÓN TEÓRICA

La teoría de las representaciones sociales (TRS) tiene su origen en la tesis doctoral *Psicoanálisis, su imagen y su público* realizada por Serge Moscovici, en 1961, en esta se buscaba conocer cómo un saber experto y abstracto se convierte en un saber común y concreto que se interpreta de manera diferente según los intereses y características de ciertos grupos sociales.

La RS se desarrolla y se vuelve práctica cuando un grupo se ve en la necesidad de transformar lo extraño en familiar, el conocimiento legitimado a un conocimiento operativo y significativo en su entorno. Tal como afirma Moscovici (1979) "representar una cosa, un estado, no es simplemente desdoblarlo, repetirlo o reproducirlo, es reconstituirlo, retocarlo, cambiarle el texto" (p. 39). La representación social, entonces, no es una copia de la realidad, sino una reconstrucción simbólica de un objeto que realiza una persona que tiene una historia individual y social que se inserta en un contexto determinado. Para Jodelet (1986: 474-475):

> El concepto de representación social designa una forma de conocimiento específico, el saber de sentido común, cuyos contenidos manifiestan la operación de procesos generativos y funcionales socialmente caracterizados. En sentido más amplio, designa una forma de pensamiento social. Las representaciones sociales constituyen modalidades de pensamiento práctico orientado hacia la comunicación, la comprensión y el dominio del entorno social, material e ideal. En tanto que tales presentan características específicas a nivel de organización de los contenidos, las operaciones mentales y la lógica. La caracterización social de los contenidos o de los procesos de representación ha de referirse a las condiciones y a los contextos en los que surgen las representaciones, a las comunicaciones mediante las que circulan y a las funciones a las que sirven dentro de la interacción con el mundo y los demás.

De acuerdo con Moscovici (1979) cada universo que conforma una RS está compuesto de tres dimensiones: información, actitud y campo de representación. La información se refiere a la organización, calidad y cantidad de conocimiento que posee un grupo con respecto a un objeto; la actitud alude a lo afectivo y dinámico de la representación, al afecto y a la orientación en general hacia el objeto de representación que puede ser favorable o desfavorable; y el campo de representación se remite a la forma y estructura en que se organiza la representación, lo que conlleva orden y jerarquía y está constituido por el núcleo de la representación y su periferia.

De acuerdo con Abric (2001), las funciones que cumplen las RS en la práctica y dinámica de las relaciones sociales son principalmente las funciones de saber, es decir, ayudan a entender y explicar la realidad; de identidad, al ayudar al sujeto a tener una identidad social y personal gratificante, que sea compatible con el contexto, la historia y los sistemas de normas y valores sociales que rigen en el lugar y momento en que se desenvuelve el grupo al que pertenece el sujeto; de orientación, al dirigir el comportamiento y la práctica del sujeto; y justificadora, es decir, que precede y determina la acción.

Alasino (2011) sostiene que las principales teorizaciones y estudios sobre las representaciones pueden ser divididos en dos campos: orientado hacia lo procesual, hacia los aspectos funcionales o interactivos y orientado a los aspectos cognitivos y a los mecanismos que posibilitan este proceso.

En este sentido, el enfoque procesual propone el análisis de producciones simbólicas, significados y lenguajes de los sujetos como productores de sentido dentro de un contexto sociohistórico específico que rescata la visión de construcción social del conocimiento. Las RS deberán, entonces, ser analizadas desde un abordaje hermenéutico, entendiendo al ser humano como productor de sentidos en relación con los procesos de dinámica social y psíquica sin dejar de lado el funcionamiento del sistema social, los grupos y sus interacciones (Jodelet, 1986).

En cuanto a sus procesos metodológicos, por su propia complejidad, se da primacía a lo cualitativo y se privilegian dos vías de acceso al conocimiento, por una parte, a través de métodos de recolección y análisis cualitativo de datos y, por otra, la triangulación, combinando múltiples técnicas, teorías e investigadores para garantizar la confiabilidad en las interpretaciones (Banchs, 2000).

La TRS permanece abierta a nuevos aportes y discusiones. Para Moscovici es una teoría demasiado compleja que no debe reducirse a simples proposiciones que limiten su alcance, sino que tal como deberían ser todas las teorías dentro de las ciencias sociales, esta es de naturaleza más inductiva y descriptiva en términos de evidencias y de las relaciones entre teoría y fenómeno (Moscovici y Marková, 2001).

Además, ha demostrado su utilidad para el estudio de realidades complejas con altos grados de implicación social y emocional como lo es el pensamiento social. De acuerdo con Moscovici (1979) permite dar cuenta de la organización y de los niveles de actitud e información que existen al respecto de un objeto que resulta ser relevante para un grupo específico, cuyos miembros se ven presionados socialmente para tener un posicionamiento.

Las RS como objeto de estudio del campo educativo permiten conocer más a fondo la realidad que se vive en el contexto escolar y las necesidades que se tiene en torno a él. Alves-Mazzotti (2008) destaca que las RS influyen en las prácticas, ya que los profesores como grupo profesional van construyendo representaciones sociales de objetos implicados en el proceso educativo y en función de ellas construyen e imponen sus prácticas.

En México, esta perspectiva se ha utilizado para hacer frente a la complejidad de los fenómenos educativos, ya que, según López (2008), la TRS ignora la naturaleza humana del sujeto, tanto de los profesores como de los estudiantes. Además, desde esta teoría se utilizan métodos que median entre el conocimiento legitimado, los modos y medios que emplean los profesores en los procesos de enseñanza y el aprendizaje. Las investigaciones desde esta teoría, de acuerdo con Cuevas y Mireles (2016) develan la realidad social en la que se lleva a cabo el intercambio, la transmisión de saberes, la promoción de valores y la orientación de la conducta como persona y como profesional.

Las RS se constituyen, se reproducen y se transforman en las prácticas sociales hasta convertirse en un marco de referencia cognitivo y conductual que de acuerdo a Castorina (2012) puede influir en las dinámicas escolares y en el cambio educativo, por lo que resulta necesario estudiar la experiencia de los profesores con jóvenes que se encuentran vulnerables al verse envueltos por situaciones violentas, ajenas al ámbito educativo, pero que influyen directamente en la escuela.

MARCO METODOLÓGICO

Este estudio se inscribe en el enfoque sociogenético de la teoría de las representaciones sociales.

PARTICIPANTES

Los participantes fueron profesores sinaloenses de instituciones públicas del estado de Sinaloa categorizados según su cercanía a las zonas geográficas afectadas por el desplazamiento forzado por violencia, por lo que la muestra consistió en 35 profesores que laboran o han laborado en Culiacán, Badiraguato, Sinaloa de Leyva, Navolato, Ahome, Concordia, Guasave y Salvador Alvarado.

El número de participantes se definió a posteriori siguiendo el principio de saturación propuesto por Jodelet (2003), quien afirma que los datos deben de recopilarse hasta que la información comienza a ser redundante debido a que la cualidad social del pensamiento, no se debe a la cantidad de individuos sino a su representatividad, por lo tanto, un mayor número de sujetos no aporta mayor significación al contenido.

INSTRUMENTOS

Cuestionario. Se elaboró un cuestionario para determinar los componentes de la representación social, incluyendo elementos que permitieran dar cuenta de la dimensión de información en cuanto al nivel de conciencia y de exactitud; de la dimensión de actitud en cuanto a la orientación general de la conducta; y del campo de representación en cuanto a la organización de la información y su jerarquía.

El cuestionario recolecta información sociodemográfica que incluye sexo, edad, años activo como profesor, años de trabajo en la institución educativa actual. Presenta preguntas abiertas referentes al desplazamiento forzado por violencia, a los desplazados, a los profesores, a la escuela y a las experiencias que los profesores han vivido en relación con el desplazamiento forzado por violencia. Finalmente se incluye una sección para comentarios y se solicita un medio de contacto en caso de estar interesado en participar en una entrevista adicional.

Entrevista. A partir del análisis de los cuestionarios se decidió crear un guion de entrevista siguiendo los planteamientos de Jodelet (2003), de esta manera se inició con preguntas concretas relacionadas con la experiencia cotidiana de los profesores y posteriormente se realizaron preguntas más abstractas con el fin de permitir la naturalización de la situación de intercambio, la espontaneidad del sujeto y el acceso a su universo simbólico y significante.

Se realizaron 24 entrevistas en torno a cuatro temas principales referentes al desplazamiento forzado por violencia. El primer tema aborda la conceptualización del fenómeno, el segundo se centra en las personas que viven en situación de desplazamiento forzado por violencia. El tercero refiere a la situación real e ideal del profesor que trabaja con desplazados por violencia. El cuarto tema profundiza en las características de la escuela que recibe niños y jóvenes desplazados por violencia. Finalmente, se pregunta sobre los riesgos y las consecuencias negativas que experimentan los profesores al laborar en contextos de desplazamiento forzado por violencia.

ANÁLISIS DE LA INFORMACIÓN

Para el análisis de los resultados se ejecutaron técnicas de análisis del discurso argumentativo (Grize, 1989) y de análisis de contenido siguiendo la técnica original de Moscovici (1979), en la cual se combinan metodologías cuantitativas y cualitativas que dan cuenta de la representación social, de la estructura del contenido del pensamiento social y de las relaciones existentes entre los contenidos, la información y la actitud dentro del campo de representación social.

De esta manera, en primer lugar, se procedió a aislar y definir las categorías para lo cual fue necesario establecer unidades de análisis, separándolas por temas y enlaces. La función del tema es resumir el contenido, pues expresa la familia de proposiciones que están vinculadas al mismo, pero formuladas de manera diversa. La función del enlace es expresar la organización y la naturaleza de las relaciones que existen entre dos temas en el interior de un mensaje comunicado. La unión de los temas y los enlaces ordenados sobre una dimensión constituyen un grupo, y en su conjunto constituyen un esquema explicativo del pensamiento social.

RESULTADOS

Los participantes se conformaron por un 33 % de hombres y un 77 % de mujeres, lo cuales tuvieron una correspondencia proporcional muy similar a las presentadas en el informe de lo que fue el Instituto Nacional para la Evaluación de la Educación (2019), acerca de la distribución en proporción de profesores y profesoras de educación básica en México, siendo un 32.5 y 67.5%, respectivamente.

La edad de los profesores se encuentra en un rango de 26 a 61 años. En cuanto a los años de experiencia, se decidió agrupar en tres rangos: de 1 a 10 años, de 11 a 20 y más de 20 años de experiencia. Destacando en un 58 % los profesores que tienen hasta 10 años de experiencia, seguidos en un 23 % por aquellos que tienen de 11 a 20 años de experiencia y casi a la par, con un 19 % aquellos que tienen más de 20 años de experiencia como profesores.

Para el análisis del lugar de trabajo de los profesores, se consideraron de igual manera los municipios en los que laboran actualmente, así como los municipios en los que han laborado cuando así haya sido el caso. Se recopiló una muestra que incluye ocho municipios de Sinaloa, donde el 47 % corresponde a profesores que han laborado en Culiacán, frente a un 53 % de profesores que han laborado mayormente en Badiraguato, el cual ha sido reconocido en múltiples ocasiones tanto por organizaciones gubernamentales, civiles y de derechos humanos como el municipio con mayor número de desplazados por violencia en Sinaloa, seguido de Sinaloa de Leyva, Navolato y en menor medida Ahome, Concordia, Guasave y Salvador Alvarado.

Representaciones Sociales de los Jóvenes Desplazados Forzados por Violencia en los Profesores Sinaloenses

Con base en la metodología propuesta por Serge Moscovici, se analizaron las dimensiones de información, actitud y campo de representación referentes a los jóvenes desplazados forzados por violencia que están presentes en las aulas sinaloenses.

EL CAMPO DE LA INFORMACIÓN

En relación con el campo de la información se encontraron tres temas principales: las fuentes de información, la disponibilidad de la información y el acceso a la disponibilidad de información terminológica.

Al respecto de las fuentes de información de desplazamiento forzado por violencia y jóvenes desplazados, la información se obtiene de lo que se ve, se escucha o lee en las noticias y de lo que se habla entre las personas. Referente a la información disponible, se observa que falta información proveniente de las autoridades educativas y que en la escuela no circula información oficial respecto al tema del desplazamiento forzado por violencia.

En cuanto a la información terminológica, todos poseen información acerca de las consecuencias del narcotráfico, no todos conocen el término desplazamiento forzado por violencia ni desplazado forzado por violencia, pero sí reconocen sus características.

EL CAMPO DE LA ACTITUD

La actitud hacia el desplazamiento forzado por violencia posee enlaces desfavorables en todas las perspectivas, excepto en la visión del DFV como una oportunidad para una vida mejor. Acerca de la actitud hacia los desplazados se encontró un enlace neutral, el cual estuvo presente en mayor medida, seguida de un enlace desfavorable y en menor medida un enlace favorable.

EL CAMPO DE REPRESENTACIÓN

El desplazamiento forzado por violencia en el núcleo de la representación se observa que es causado por la violencia y el narcotráfico. Se caracteriza por la salida del hogar hacia una comunidad cercana con el fin de salvaguardar la vida y se presenta en todas partes, especialmente en zonas marginadas o que tienen grupos delictivos.

En la periferia se encuentra que las causas pueden ser por amenazas y que las personas se van para evitar desgracias y salvar a los jóvenes de ser reclutados por grupos delictivos. Lo que genera que las personas abandonen su trabajo, su escuela y su patrimonio. Afecta a todas las personas, genera consecuencias físicas, psicológicas y sociales como miedo, inseguridad, drogadicción.

En relación con los jóvenes desplazados, en el núcleo se inscribe que son personas pobres y marginadas que huyen a causa de la violencia. En la periferia se encuentra que son personas como cualquier otra, que empiezan de cero, que buscan un futuro mejor porque no les quedo de otra, porque las obligaron o porque así lo decidieron. Por un lado, se les percibe como personas tranquilas, maduras y responsables que son víctimas, viven con miedo o con problemas emocionales y, por otro, se les ve como vinculadas al narcotráfico, agresivas, vengativas, violentas, con problemas de conducta y de adaptación, que exaltan la narcocultura y quieren regresar para convertirse en delincuentes.

EL PENSAMIENTO SOCIAL DE LOS PROFESORES

La investigación permitió caracterizar el pensamiento social del profesor, quien percibe el fenómeno del DFV como una consecuencia del contexto violento que se vive en Sinaloa liderado por el narcotráfico. En palabras de los propios docentes, es tan común que de cierta forma se ha naturalizado, pues no invade únicamente el ámbito educativo, sino que se encuentra presente en todas las esferas de la sociedad. Se percibe además como un suceso traumático para las personas que lo viven, ya que acarrea problemas emocionales como miedo, inseguridad e inestabilidad. Ellos consideran que este problema lo enfrentan las personas más vulnerables que viven en pobreza y marginación, aunque reconocen que, al vivir en un estado tan violento como Sinaloa, todas las personas están expuestas a pasar por esta situación.

Para ellos, los jóvenes son los más afectados porque suelen ser los más vulnerables a ser reclutados por el crimen organizado o a ser envueltos en la cultura de las drogas, las armas y la violencia. Dentro de las aulas, perciben a los jóvenes desplazados como más trabajadores y responsables y, por otro, como inseguros, rebeldes, violentos o vinculados con delincuentes y, en general, con problemas emocionales, sociales, de adaptación y académicos, sin embargo, consideran que con ayuda de la escuela y de la sociedad, estos jóvenes pueden aspirar a un buen futuro y librarse de los vínculos con los delincuentes.

Le atribuyen a la escuela la esperanza para su adaptación, para su integración y para el cambio social, en general. Sin embargo, reconocen las carencias de la escuela que se encuentra rezagada y desbordada por las exigencias académicas que dejan poco espacio para ocuparse de la parte emocional y psicológica de los alumnos. Reconocen que se han hecho esfuerzos, pero que hasta ahora son insuficientes, como por ejemplo que se han implementado protocolos de actuación, que si bien no son exclusivos para alumnos desplazados por violencia pueden aplicarse de cierta manera, aunque no se cumplan en su totalidad; tampoco logran atender de manera adecuada las necesidades de los jóvenes desplazados, por lo que falta integración, capacitación e información.

Por otro lado, tienen una imagen clara de lo que sería el modelo ideal de una escuela que pueda hacer frente a la atención de jóvenes desplazados y de sus familias. Los profesores coinciden en que debe ser la institución quien atienda a los desplazados, los estudiantes y los profesores que los reciben, para ello la escuela debe hacer un análisis de la situación actual en la que esta se encuentran; apoyarlos administrativamente facilitándoles el acceso, darles oportunidades, promover programas especiales, darles seguimiento y trabajar de forma multidisciplinar y coordinada con los diferentes departamentos. Apoyarlos económicamente con becas, con tutorías, clases extra y flexibilidad académica. Así como con pláticas, talleres, terapias, integración grupal y sobre todo darles confianza, seguridad y tenerles paciencia.

En cuanto al apoyo de las familias desplazadas forzadas por violencia, este debería consistir en integrarlos a la comunidad y brindarles apoyo emocional a través de terapias, pláticas y talleres. Respecto al trabajo con el grupo de alumnos que los reciben se propone sensibilizar y promover la convivencia sana y pacífica. De acuerdo con los profesores que los reciben, la escuela debería brindarles capacitación y cursos para que puedan hacer frente a la situación.

Los profesores reconocen sus carencias y sus límites; distinguen la falta de capacitación, algunos no saben qué hacer, algunos prefieren no intervenir porque tienen miedo o porque prefieren no ponerse en riesgo y evitar problemas; como alternativa, canalizan a los jóvenes desplazados con el tutor o el psicólogo para que sean ellos quienes se hagan cargo. Sin embargo, la mayoría de profesores se aventuran a tratar de ayudarlos directamente siendo flexibles con el trabajo académico, dándoles oportunidades, tratando de innovar en su trabajo académico para influir de manera positiva en ellos, como por ejemplo, ir más allá de lo académico para mostrar la importancia de permanecer en la escuela y de seguir preparándose, tratan de integrarlos con sus compañeros, orientarlos, tratan de ser comprensivos y empáticos, darles confianza, escucharlos y socializan la situación con otros profesores para tratar de buscar una manera de ayudar.

Los profesores consideran que el profesor ideal que trabaje con desplazados debe estar preparado académicamente, psicológicamente y tener conocimiento del alumno y de su situación; además de tener un alto potencial humano como ser empático, comprensible, paciente, integrador, confiable y que sea capaz de brindarle oportunidades a los alumnos, de apoyarlos y, sobre todo, tener vocación para poder hacer frente a la situación a pesar de la adversidad.

CONCLUSIONES

Uno de los hallazgos más importantes de la investigación fue dar cuenta de que el desplazamiento forzado por violencia es una realidad que se vive en Sinaloa y que tiene relevancia en el discurso que circula dentro del grupo de profesores, tanto así que ha generado representaciones sociales de los jóvenes desplazados forzados por violencia y ha puesto de manifiesto las dificultades que existen en la escuela para la atención e incorporación de estos jóvenes.

Otro aspecto que llamó la atención durante las entrevistas, y que no se reflejó en las respuestas de los cuestionarios, fue que al preguntarles a los profesores si alguna vez habían escuchado hablar acerca del desplazamiento forzado por violencia respondían con titubeos; aunque no identificaban el término, no presentaron dificultades para caracterizar el problema en cuanto a su origen, consecuencias, los lugares donde se presenta, los afectados y, en general, todo lo que tiene que ver con el fenómeno.

Esta realidad se refleja también en la vida institucional de las escuelas, que no han incluido el término de desplazamiento forzado por violencia ni el de desplazados por violencia en sus discursos cotidianos, por lo tanto, es lógico que no existan modelos de actuación, programas de apoyo ni departamentos especializados que traten este problema, a diferencia de fenómenos que sí lo tienen, como por ejemplo, las necesidades educativas especiales. Cuando llega un joven en esta situación, todos los agentes educativos incluyendo el profesor, saben perfectamente qué es lo que tienen que hacer. Se identifica al alumno y pasa de ser un alumno con problemas a ser un alumno NEE, además lo hacen del conocimiento del profesor, le sugieren programas de apoyo pedagógico, se hacen acuerdos, se les da seguimiento y se sensibiliza a los grupos para favorecer su integración.

La diferencia es clara cuando a un problema se le reconoce y se le nombra, mientras esto no ocurra, el problema permanece invisibilizado, ambiguo, clasificado como problema personal o familiar, sin concederle la importancia que tiene ni la urgencia que merece su atención. Por lo que es urgente y necesario que desde la escuela se reconozca oficialmente al desplazamiento forzado por violencia como un problema que afecta a los sinaloenses y que está teniendo repercusiones sociales, económicas, psicológicas, físicas y laborales. Que se reconozca que afecta la vida escolar especialmente a los profesores, en quienes recaen todas las exigencias que sobrepasan sus posibilidades de actuación.

Es necesario que se reconozca, además, que existen jóvenes que son desplazados por violencia y que tienen necesidades específicas que la escuela debe atender. Empezando por garantizarles su derecho humano al acceso a la educación, pues es ahí en donde buscan refugio y desde donde existe la esperanza de una vida mejor y la posibilidad de un mayor acceso a oportunidades.

La escuela tiene el poder de generar cambios sociales, pero para que eso se pueda lograr es necesario que exista un apoyo integral desde el gobierno y la sociedad, es necesario que se siga investigando el desplazamiento forzado por violencia y las repercusiones que tiene, que se nombre el problema, que se creen planes de acción específicos e instituciones encargadas de gestionarlos. Así como también, acciones destinadas a dar un apoyo integral a padres de familia, a estudiantes, a profesores y a la escuela en sí misma.

La investigación también permitió poner en evidencia la situación en la que se encuentran los profesores en relación con las consecuencias del desplazamiento forzado por violencia en la vida escolar y lo que implica recibir alumnos desplazados en el aula. Algunos profesores se encuentran en situación de vulnerabilidad y de riesgo al ejercer su profesión, es relevante destacar que todos los profesores que formaron parte de la investigación admitieron haberse sentido en peligro, al menos una vez, durante el ejercicio de su práctica docente y la gran mayoría aseveró haber recibido amenazas, incluso de muerte, en algún momento de su trayectoria profesional.

Sorprende la capacidad de los profesores para continuar con su práctica docente aun en estas condiciones, pero se explica desde las funciones de las representaciones y el pensamiento social; en este caso desde la función de generar y reforzar la identidad social y personal gratificante, compatible con el contexto, la historia, las normas y valores del grupo de profesores. Aunque todos los profesores admitieron que, si bien les había pasado por la mente abandonar la profesión y dejarlo todo, al final prefirieron no hacerlo, aun cuando reconocen las consecuencias laborales, sociales, físicas y emocionales que vivieron después de recibir amenazas. Esto da cuenta de la gran resiliencia que poseen los profesores, pues su capacidad de adaptación ante las situaciones de violencia y de adversidad es muy fuerte y puede ser utilizada de manera positiva para generar cambios educativos profundos aún en contextos de violencia que afectan la vida escolar.

Por último, es necesario señalar la carencia de mayores evidencias empíricas de muchas de las consecuencias que genera el desplazamiento forzado por violencia en la vida de los jóvenes, a modo de ejemplo, en los procesos de aprendizaje escolares y las repercusiones en su formación psíquica, moral y social, son tareas pendientes y desafíos urgentes para los investigadores educativos.

Referencias bibliográficas

Abric, J.C. (2001). "Las representaciones sociales: aspectos teóricos", en J. C. Abric (coord.), *Prácticas sociales y representaciones.* Ediciones Coyoacán.

Alasino, N. (2011). "Alcances del concepto de representaciones sociales para la investigación en el campo de la educación". *Revista Iberoamericana De Educación,* 56(4), 1-11. https://rieoei.org/RIE/article/view/1500"

Alto Comisionado de las Naciones Unidas para los Refugiados. (2022). "Desplazamiento forzado global" en Tendencias Globales, Desplazamiento Forzado en 2021. https://www.acnur.org/publications/pub_inf/62aa717288e/tendencias-globales-de-acnur-2021.html.

Alves-Mazzotti, A. (2008). "Representações Sociais: aspectos teóricos e aplicações à educação" [Representaciones sociales: aspectos teóricos y aplicaciones en la educación]. *Revista MúltiplasLeituras,* 1(1), 18-43. http://dx.doi.org/10.15603/1982-8993/ml.v1n1p18-43

Banchs, M. (2000). "Aproximaciones procesuales y estructurales al estudio de las representaciones sociales". *Papers on Social Representations. Textes Sur Les Représentations Sociales,* 9, 3.1-3.15.

Banco Interamericano de Desarrollo. (2013). "Las consecuencias económicas de la violencia del narcotráfico en México". https://publications.iadb.org/publications/spanish/document/Las-consecuencias-económicas-de-la-violencia-del-narcotráfico-en-México.pdf

Banco Mundial. (2012). "La violencia juvenil en México". http://documents1.worldbank.org/curated/pt/277681468155375869/pdf/NonAsciiFileName0.pdf

Castorina, J. (2012). *Los usos del concepto de representación social en educación.* Bogotá: UDFJC.

Comisión Estatal de los Derechos Humanos de Sinaloa. (2013). "Recomendación general n° 10. Informe especial sobre los desplazamientos internos en Sinaloa". http://www.cedhsinaloa.org.mx/index.php/recomendaciones/recomendaciones-generales/909-no-10-1/file

Comisión Mexicana para la Defensa y Promoción de los Derechos Humanos. (2019). "Episodios de desplazamiento interno forzado masivo en México. Informe 2018". CMDPDH. http://cmdpdh.org/temas/desplazamiento/documentos/cmdpdh- episodios-de-desplazamiento-interno-forzado-en-mexico-informe-2018.pdf

Cortina, E. (2012, Julio 18-20). *Prácticas docentes en contextos con población en situación de desplazamiento en la ciudad de barranquilla y municipios del departamento del Atlántico-Colombia* [Ponencia]. IX Seminario internacional de Red Estrado, Santiago de Chile, Chile. Resumen http://redeestrado.org/?page_id=134

Cuevas, Y., y Mireles, O. (2016). "Representaciones sociales en la investigación educativa. Estado de la cuestión: producción, referentes y metodología". *Perfiles Educativos,* 38(153), 65-83. http://www.redalyc.org/comocitar.oa?id=13246712005

Feixa, C. y Ferrándiz, F. (2002, septiembre 4-7). *Violencias y culturas: Introducción* [Ponencia]. IX Congrés d'Antropologia FAAEE, Barcelona, España. https://digital.csic.es/bitstream/10261/21623/1/FAAEE02Feixa%26FerrandizIntro.pdf

Giménez, G. y Jiménez, R. (2017). *La violencia en México a la luz de las ciencias sociales.* Universidad Nacional Autónoma de México–Instituto de investigaciones sociales.

Grize, J-B. (1989). "Logique naturelle et representation sociales". En D. Jodelet, (coor), *Les représentation sociales.* Paris: Presses Universitaires de France.

Internal Displacement Monitoring Centre. (2022) "Overview" en *Country Profile México.* https://www.internal-displacement.org/countries/mexico#overview.

Instituto Nacional para la Evaluación de la Educación. (2019). *La Educación obligatoria en México. Informe 2018.* https://www.inee.edu.mx/wp-content/uploads/2019/04/P1I245.pdf

Jiménez, R. y Reyes, D. (2017). "La violencia social en México". En G Giménez y R. Jiménez (Eds.), *La violencia en México a la luz de las ciencias sociales* (pp. 35-76). Universidad Nacional Autónoma de México–Instituto de investigaciones sociales.

Jodelet, D. (2003). "Aperçus sur les méthodologies qualitatives" [Perspectivas sobre metodologías cualitativas]. En S. Moscovici y F. Buschini. (coords.), *Les méthodes des sciences humaines.* Press Universitaires de France.

Jodelet, D. (1986). "La representación social: fenómenos, concepto y teoría". En S. Moscovici (ed.), *Psicología social II* (pp. 469-506). Paidós.

López, F. (2008). "Representaciones sociales en el campo educativo: formación docente y nuevos ambientes de aprendizaje". *Psico-logos,* 2(4), 56-69.

Markham, L. (2012). "Orientación para una juventud reasentada". *Revista Migraciones Forzadas,* 40. https://rua.ua.es/dspace/bitstream/10045/25046/1/RMF_40_25.pdf

Moreno, D., Burgos, C. y Váldez, J. (2016). "Daño social y cultura del narcotráfico en México: Estudio de representaciones sociales en Sinaloa y Michoacán". *Mitologías Hoy,* 14, 249–269. http://dx.doi.org/10.5565/rev/mitologias.387

Moscovici, S. (1979). *El psicoanálisis, su imagen y su público.* Huemul.

Moscovici, S. y Marková, I. (2001). "Ideas and their development: a dialogue between Serge Moscovici and Ivana Marková" [Ideas y su desarrollo: un diálogo entre Serge Moscovici e Ivana Marková]. En G. Duveen y S. Moscovici (Eds.), *Social representations: Explorations in social psychology* (pp. 224–286). NYU Press.

Muñoz, T. (2018). "El desplazamiento forzado: un reto para la transformación del quehacer docente". *Infancias,* 18(1), 132–141. https://doi.org/10.14483/16579089.13282

Organización de las Naciones Unidas. Comisión de Derechos Humanos. (1998). Informe del Representante del Secretario General, Sr. Francis M. Deng, presentado con arreglo a la resolución 1997/39 de la Comisión de Derechos Humanos. Adición Principios Rectores de los desplazamientos internos. https://www.hchr.org.co/documentoseinformes/documentos/html/informes/onu/resdi/E-CN-4-1998-53-ADD-2.html

Organización Mundial de la Salud. (2002). "Informe mundial sobre la violencia y la salud". https://www.who.int/violence_injury_prevention/violence/world_report/es/summary_es.pdf

Pérez-Taylor, R. (2017). "Antropología de la violencia". En G. Giménez y R. Jiménez (Eds.), *La violencia en México a la luz de las ciencias sociales* (pp. 77-112). Universidad Nacional Autónoma de México–Instituto de investigaciones sociales.

Rubio, L. (2014). *Desplazamiento interno inducido por la violencia: una experiencia global, una realidad mexicana.* ITAM.

Taracena, E. (2017). "Una mirada socio-clínica sobre la violencia". En G. Giménez y R. Jiménez (Eds.), *La violencia en México a la luz de las ciencias sociales* (pp. 187-228). Universidad Nacional Autónoma de México–Instituto de Investigaciones Sociales.

Valenzuela, J., Burgos, C., Moreno, D. y Mondaca, A. (2017). "Culturas juveniles y narcotráfico en Sinaloa. Vida cotidiana y transgresión desde la lírica del narcocorrido". *Revista Conjeturas Sociológicas*, 14, 69-92. https://revistas.ues.edu.sv/index.php/conjsociologicas/article/view/815/736

Winthrop, R. y Kirk, J. (2005). "Desarrollo del maestro y bienestar estudiantil". *Revista Migraciones Forzadas*, 22, 17-21. http://www.fmreview.org/es/pdf/RMF22/RMF22.pdf

Capítulo 4

Ruta legislativa contra la desaparición: Análisis del caso Guanajuato

JOSÉ RAYMUNDO SANDOVAL BAUTISTA[1]

Resumen

En Guanajuato, la desaparición de personas creció exponencialmente a partir de 2017, año en el que los delitos de alto impacto también aumentaron en la entidad, pese a ello, no es sino hasta 2018, con la promesa de justicia transicional del Gobierno entrante, que las familias comienzan a tener visibilidad y a participar activamente en la agenda pública. A finales de 2019 y a principios de 2020, un grupo de familias comienzan a estructurar los colectivos de búsqueda de personas desaparecidas, al mismo tiempo que participan en las mesas de diálogo generadas por el legislativo local para aprobar un paquete legislativo. El presente trabajo describe el proceso de organización de los colectivos en Guanajuato y la incidencia legislativa lograda en 2020, en pleno contexto de la pandemia del COVID -19.

Palabras claves: procesos de organización, desapariciones, incidencia política.

INTRODUCCIÓN

La desaparición de personas en Guanajuato aumentó exponencialmente a partir de 2017 (Plataforma, 2021) y con ello, surgieron los colectivos de familias de personas desaparecidas

1 Correo electrónico: raymundosandovalb@gmail.com

en la entidad (denominados solamente Colectivos), formados por lo que en la legislación, tanto general como local, se denomina víctimas indirectas. Según el artículo 4.º de la Ley General de Víctimas (2013), son "los familiares o aquellas personas físicas a cargo de la víctima directa que tengan una relación inmediata con ella" y son "grupos, comunidades u organizaciones sociales que hubieran sido afectadas en sus derechos, intereses o bienes jurídicos colectivos como resultado de la comisión de un delito o la violación de derechos". Por lo anterior, en términos jurídicos, quienes forman los Colectivos son considerados víctimas de violaciones a derechos humanos y delitos, aunque en términos identitarios se asuman a sí mismas como personas defensoras de derechos humanos y como buscadoras.[2]

En el presente trabajo se analiza, en términos generales, qué procesos de organización han tenido las familias de personas desaparecidas de 2019 a 2021, es decir, durante la pandemia del COVID-19. Adicionalmente se revisa qué retos representó para las familias hacer uso del derecho a la participación en el proceso de discusión, de aprobación y posterior implementación de tres legislaciones locales.

---

2 Gracias al acompañamiento de la Plataforma por la Paz y la Justicia en Guanajuato, entre otros factores, la formación de Colectivos y la noción de Buscadora han sido gradualmente aceptados de forma positiva en la representación social y política de diversos actores sociales.

METODOLOGÍA, TÉCNICAS O INSTRUMENTOS EMPLEADOS PARA LA RECOLECCIÓN DE LA INFORMACIÓN Y SU ANÁLISIS

El presente artículo presenta una reflexión a partir de la vivencia del autor acompañando tanto los procesos de organización como de incidencia de las familias de personas desaparecidas que constituyeron colectivos. Durante los dos años reportados se realizó acompañamiento integral, que es entendido como "caminar al lado de una persona y actuar como enlace entre las familias y las personas y organizaciones de la comunidad que ofrecen la ayuda necesaria" (CICR, 2014), lo que es "un elemento de apoyo proporcionado por la comunidad", que busca "fortalecer la capacidad de las personas y familias de afrontar las dificultades que conlleva la desaparición de sus seres queridos". Como parte de este acompañamiento, se realizaron actividades educativas, acompañamiento físico, elaboración de documentos, informes, observación participante, entrevistas, interlocución con autoridades y cabildeo legislativo, entre otras.

Para la organización ALUNA, modelo de acompañamiento psicosocial (2019), este caminar requiere de ciertos principios, entre los que se enlistan: el acompañamiento, no es intervención; avanza hacia la autonomía y la libertad; no es neutro; se basa en una postura política; no es adoctrinamiento; se sostiene en el pensamiento crítico; no es psicoterapia; promueve la integralidad; no se subsume a lo jurídico; así como, intenta visualizar todas las dimensiones de la experiencia.

RESULTADOS DE LA INVESTIGACIÓN

Para comenzar el análisis, se presenta una línea del tiempo que va del 2020 al 2021 y describe algunos de los hitos principales tanto en la organización como en la incidencia legislativa de los colectivos y con ello, la construcción de escenarios de esperanza en el contexto de la pandemia. Se enfatiza 2020 y 2021 como el periodo en el que se concretaron dos procesos importantes: la creación de colectivos y la aprobación del mencionado paquete de leyes locales.

Figura 1. Línea del tiempo de los procesos de incidencia legislativa y de organización en el periodo comprendido entre noviembre de 2019 y enero de 2021. Fuente: Elaboración propia.

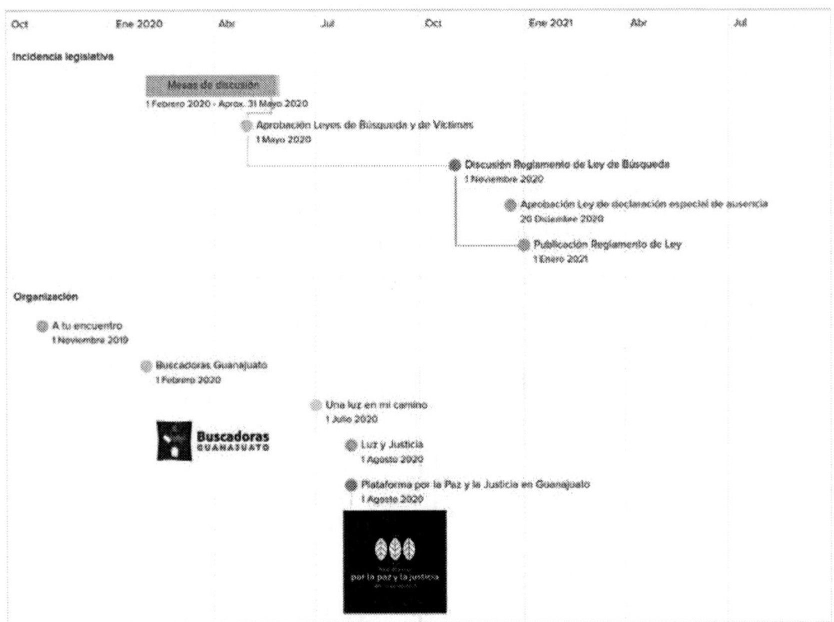

Como puede observarse en la figura 1, en lo que corresponde a organización, el Colectivo A es creado (o relanzado) en noviembre de 2019, evento que está concatenado con el inicio de la discusión legislativa en mesas de trabajo en el Congreso de Guanajuato, con la participación de las familias de personas desaparecidas. Estos dos eventos iniciales constituyen hitos importantes en ambas dimensiones del análisis: en la organización comienzan a formarse nuevos colectivos de familias de personas desaparecidas en plena pandemia, y aunque la discusión comenzó en noviembre de 2019, es hasta febrero de 2020 que continúa el debate sobre un paquete de tres leyes que son aprobadas en dos momentos:

mayo de 2020 (Víctimas y Búsqueda) y diciembre de 2020 (Declaración especial de ausencia). Es decir, durante 2020 y 2021 se lleva a cabo el activismo más intenso de las familias de personas desaparecidas, lo que implicó desde el surgimiento de nuevos colectivos durante la pandemia, hasta la aprobación de iniciativas de Ley en modalidades a distancia.

¿Cuáles han sido los efectos de la pandemia por COVID-19 en la búsqueda de las personas desaparecidas en Guanajuato? Para responder esta pregunta, en junio de 2020, las organizaciones IDHEAS, Litigio Estratégico en Derechos Humanos, el Observatorio Ciudadano sobre Derechos de las Víctimas, y la Federación Internacional por los Derechos Humanos (FIDH) presentaron la encuesta "Efectos de la pandemia de COVID-19 en el disfrute de los Derechos Humanos de las y los familiares de personas desaparecidas y/o localizadas sin vida y la respuesta del Estado Mexicano" (2021), en la que se revela la preexistencia de problemas antes de la crisis sanitaria del COVID-19, relacionadas con las brechas sociales que imperan en México y por el incumplimiento del Estado mexicano a su obligación de promover, respetar, proteger y garantizar los derechos de las familias de personas desaparecidas y/o localizadas sin vida. Especialmente se mencionan, la ausencia de medidas urgentes de contención para enfrentar y prevenir los efectos en las familias lo que ha afectado de forma desproporcionada los derechos de las familias, tanto los relacionados con lo social, como los relacionados con la justicia, en especial, los derechos a la verdad y al acceso a la justicia. Finalmente, las organizaciones alertan sobre el efecto limitador a los derechos humanos que tendrá la aplicación de medidas de austeridad a la Comisión Ejecutiva de Atención a Víctimas (CEAV).

Uno de los ejemplos más claros de la organización durante la pandemia es la creación del Colectivo Buscadoras Guanajuato surgido en febrero de 2020.

Una dimensión que desea enfatizarse en el presente trabajo es el universo sociopolítico de los Colectivos. Como lo ha establecido la teoría sociológica clásica, las organizaciones pueden ser entendidas como entes orientados hacia el cumplimiento de metas comunes, que se expresan en espacios y ambientes determinados y buscan preservarse a sí mismas a partir de sus miembros. En ese sentido, los colectivos de familias de personas desaparecidas comparten esta triple dimensión: objetivos comunes, contextos determinados y relación interna de sus miembros.

El proceso social de organización de las familias se entiende a partir de la exigibilidad y la justiciabilidad de sus propios derechos humanos, los procesos de organización derivan de propuestas educativas enmarcadas en pedagogías críticas que colocan en el centro al sujeto y pueden realizarse a partir de diagnósticos y planeaciones desde la educación no formal. Este enfoque ha sido desarrollado a partir de la experiencia de las organizaciones de derechos humanos en el acompañamiento a víctimas y en el fortalecimiento de sus estructuras tradicionales.

El acompañamiento realizado implica fortalecer, hace referencia a formar, o reforzar cuando ya existen, estructuras colectivas, para que estas tengan orientación estratégica para la consecución de diferentes objetivos, ya sean la búsqueda de justicia cuando son víctimas indirectas o la incidencia en políticas públicas cuando son movimientos sociales (Sandoval, 2021). Esto incluye:

1. Explicitar lo organizativo. Si bien es un elemento que está en todo el proceso, se debe explicitar claramente el horizonte utópico al que aspira la colectividad, es decir, cuál es su visión; con ellos se nombran los elementos que conforman al proceso organizativo en términos generales.
2. Acompañamiento psicosocial, que parte de entender la violencia desde su dimensión política y estructural, no implica solamente la comprensión de los efectos individuales, sino de las causas de fondo de las violaciones a los derechos humanos.
3. Sistematización de experiencias, que reconocen la importancia de los saberes colectivos y las contradicciones (retomando a la teoría crítica) de la realidad y de los grupos

sociales, lo que no conlleva a renunciar a la reflexión sobre la práctica, partiendo de la espiral ascendente que es el método investigación–acción.

4. La protección y el autocuidado, en la condición actual en la que defender derechos humanos cuestiona los poderes institucionales y los poderes fácticos, es necesario considerar como un elemento central el autocuidado y las estrategias de documentación y reacción frente a las agresiones a las personas defensoras de derechos humanos.
5. Establecimiento de redes o frentes comunitarios, que dan cuenta de la necesidad de convergencia entre movimientos sociales y entre víctimas. Ya he mencionado en diferentes espacios la necesidad de conformar un Movimiento Estatal de Víctimas en Guanajuato, por ejemplo, ya se cuenta con una valoración de diagnóstico sobre la agenda de los Colectivos, incluidos los procesos de organización. Lorusso (en Sandoval, 2021) ha señalado que la fuerza de los Colectivos puede denominarse "vitalidad", que no hay una causa social tan sentida y amplia como esta, sin embargo, se constituye como el movimiento social de exigencia de justicia, más importante en la historia reciente en la entidad.

> La agenda de este movimiento no es sencilla, la primera y más importante es exigir a las autoridades que investiguen dónde están las 2800 personas desaparecidas, y en especial, los más de 300 casos aglutinados en estas Colectividades. También está, como se ha dicho, vigilar el proceso de implementación del derecho a ser buscado que tienen todas las personas desaparecidas y la atención a víctimas, no sólo en términos de observar su desempeño, sino también participando tanto en el Consejo Ciudadano de la Comisión de Búsqueda como en el Consultivo de la Comisión de Víctimas. Ambos relacionados con sus respectivos Sistemas Estatales.

La segunda dimensión fundamental para entender la construcción de estos escenarios de esperanza es la de incidencia política. El derecho a la participación de las familias de personas desaparecidas en las búsquedas y en las políticas que les afecten, está incluido en los Principios Rectores para la Búsqueda de Personas Desaparecidas, que a su vez están basados en la "Convención internacional para la protección de todas las personas contra las desapariciones forzadas" (1) de la Organización de las Naciones Unidas (ONU) y en otros instrumentos internacionales relevantes de carácter universal. Incluye que representantes legales y personas autorizadas por las familias participen directamente en la búsqueda, en todas y cada una de sus etapas. También, acceso a la información sobre las acciones realizadas, así como a los avances de los resultados de búsqueda e investigación, por ello, los aportes, experiencias, sugerencias, cuestionamientos y dudas de las familias, deben ser tomados en cuenta como insumos para hacer más efectiva la búsqueda.

La participación también debe incluir la obligación de brindar una adecuada orientación a las víctimas en lo relativo a sus derechos y a sus mecanismos de protección, también el deber de dar información periódica y ocasional sobre las medidas de búsqueda adoptadas. Después de esta experiencia, se puede afirmar que para que la participación sea sustantiva, el Estado requiere adaptar las metodologías legislativas en función de las necesidades y de la realidad de las familias de personas desaparecidas.

A cuatro años de la aprobación de la Ley General de Desaparición Forzada de Personas, Desaparición Cometida por Particulares y del Sistema Nacional de Búsqueda (2) (Ley General) ya es posible realizar una evaluación de sus alcances y limitaciones. Si bien este análisis rebasa los objetivos de este documento, se puede señalar que la creación de las instituciones que buscan atender las obligaciones estatales en materia de derechos humanos se requiere de los más altos estándares y de las mejores prácticas en la materia. En ese sentido, la participación debería ser un elemento que otorgue legitimidad a las legislaciones y que permita recuperar la confianza de las víctimas en las instituciones del estado, empero en Guanajuato eso no sucedió.

Según la Ley Orgánica del Poder Legislativo de Guanajuato: "promoverá la implementación de un Parlamento Abierto orientado en los principios de transparencia de la información, rendición de cuentas, evaluación del desempeño legislativo, participación ciudadana y uso de tecnologías de la información" (1). Esta figura implica detallar los procesos en los que el Legislativo local desarrolla la noción de participación ciudadana en las metodologías de análisis de las iniciativas; en específico en este proceso. Hasta noviembre de 2019 se pensaba aprobar sin la consulta directa de las familias, ya que en sus procesos internos, las dos iniciativas de búsqueda de personas desaparecidas y de atención integral a víctimas no consideraban mesas de trabajo con la población directamente afectada.

Para el Congreso, regularmente la figura del Parlamento Abierto se satisface haciendo una consulta electrónica para recibir comentarios a las iniciativas, sin considerar otros aspectos. Por otro lado, en las víctimas se genera una tensión, ya que participar en la discusión legislativa establece un primer nivel de legitimación de la institución, que requiere una reflexión constante por parte de las familias en su función de movimiento social. Es decir, al participar en el diálogo con el Congreso, las familias fueron aprendiendo que el Legislativo considera cumplida la participación independientemente de la evaluación que las familias hagan del proceso.

Hace tres décadas, Roger Hart (2) desarrolló para el Fondo de Naciones Unidas para la Infancia (UNICEF) un abordaje sobre cómo la participación infantil puede interpretarse en una escala de ocho niveles que van desde la simulación a la autogestión. En este caso, la participación ciudadana ya se encuentra incluida como un principio del Parlamento Abierto, por lo que su contenido debe considerar también que la participación sea sustantiva o efectiva. Durante el proceso de discusión de las tres iniciativas la participación de las familias osciló entre los escalones 3 y 5 de la escalera (participación simbólica y consulta), pero no garantizó la participación sustantiva.

En una descripción breve de la discusión de las iniciativas, podemos señalar lo siguiente. Para la Ley de Búsqueda, las Comisiones Unidas de Gobernación y Puntos Constitucionales y Derechos Humanos y Atención a Grupos Vulnerables, propusieron dos mesas, una técnica y otra de diálogo, evidenciando una diferenciación artificial entre ambas dimensiones de las mesas. Por un lado, la cuestión de técnica jurídica relativa a la armonización de la Ley General, y por otro, la escucha a las familias. Gradualmente, ambos aspectos tuvieron que entrecruzarse logrando los mínimos indispensables de la Ley, aunque varias propuestas quedaron fuera. El logro principal del cabildeo fue eliminar la categoría de persona no localizada, con el argumento de que la búsqueda tiene que ser inmediata y de que la fiscalía estatal había utilizado la categoría para ocultar los registros de casos de desaparición. Hay que señalar que algo solicitado reiteradamente, fue un documento de seguimiento de las propuestas de las familias, que fundamentara y permitiera verificar qué se había incluido y por qué. Este documento no fue entregado por el Congreso. Esta, entre otras, fue una dificultad en la comunicación que tuvo implicaciones en la confianza que las familias tenían en el Congreso y en diputadas en lo particular.

Al cierre de la discusión, un grupo de familias junto con acompañantes se reunieron con diputadas de la Legislatura que aprobó la Ley de Búsqueda intentando todavía en la sesión del pleno del 14 de mayo de 2020 aprobar algunas reservas,[3] para incluir parte del contenido que fue propuesto durante la discusión de la iniciativa, en un último esfuerzo por lograr esta incorporación. En la preparación de las reservas también participó la Oficina en México de la Alta Comisionada para los Derechos Humanos

[3] El dictamen de la Ley de Búsqueda se votó por unanimidad en lo general, pero en lo particular, las diputadas y los diputados tienen la posibilidad de presentar reservas que son propuestas de modificación de artículos específicos, éstas deben ser votadas en el pleno.

(ONUDH), tal como lo había hecho en las semanas previas, ofreciendo asistencia técnica.

Los grupos parlamentarios de Morena y del Partido Verde presentaron en total 13 reservas, es decir, propusieron la modificación o creación de artículos de la Ley que se acababa de aprobar. Todos estos fueron entregados durante el proceso legislativo y el PAN ignoró las propuestas en el tramo final.

- Artículo 2, para que las familias participen en la construcción de políticas públicas.
- Artículo 5, añadir a Ley General en su aplicación expresa y directa.
- Artículos 18, 23, 28 y 47, fortalecer las atribuciones de la Comisión de Búsqueda, del Sistema Estatal de Búsqueda y de la Fiscalía Especializada en Desaparición.
- Añadir un capítulo sobre la integración, administración y fiscalización del Fondo de Búsqueda.
- Artículo 86, acceso en condiciones dignas al Registro de Persona Fallecidas no Identificadas.
- Añadir una sección sobre la disposición de cadáveres no identificados y el manejo público de esta información.
- Artículo 15, declarar improcedente la obediencia debida a una orden superior.
- Artículo 16, considerar grave el mal manejo de información forense.
- Incluir un enlace permanente por parte de las instituciones que forman parte del sistema estatal.
- Establecer una ventanilla única en los Ayuntamientos.

Una de las reservas por la que más preocupación han mostrado académicos y personas defensoras de derechos humanos es la relativa al concepto de fosas clandestinas, que según la propuesta del doctor Fabrizio Lorusso, debió haber quedado de la siguiente manera:

Fosa Clandestina: cualquier sitio en el que se colocaron en un espacio en el subsuelo, o en el que se inhumaron, total o parcialmente, uno o más cadáveres o restos humanos, y que no fue específicamente determinado por las autoridades para dicho fin.

Sitio de Depósito: cualquier sitio en el que se colocaron uno o más cadáveres o restos humanos, y que no fue específicamente determinado por las autoridades para dicho fin.

Ambas definiciones requerían la adaptación del Registro Estatal de Fosas, también establecido en la Ley, lo que hubiera quedado de la siguiente manera:

> Registro Estatal de Fosas: el Registro Estatal de Fosas Comunes, Fosas Clandestinas y Sitios de Depósito, que concentra la información respecto de las fosas comunes que existen en los cementerios y panteones de los municipios del estado, así como de las fosas clandestinas y los sitios de depósito que la Fiscalía General localice.

Lamentablemente, todas estas reservas fueron votadas en contra, por lo que no se incluyeron en la Ley.

La segunda iniciativa que se aprobó al mismo tiempo que la de búsqueda, fue la relativa a la atención integral a víctimas, que no fue revisada en mesas de trabajo, sino que se avanzó en función de documentos de trabajo escritos que eran intercambiados entre el equipo de acompañantes y el equipo técnico. De la iniciativa original se habían eliminado secciones enteras que debilitaban el espíritu de la iniciativa local en perspectiva de la armonización con la Ley General de Víctimas, si bien algunas de ellas pudieron modificarse, otras no. Resalta que el Sistema Estatal de Atención Integral a Víctimas había sido eliminado de la iniciativa y a presión de las organizaciones nacionales como el Observatorio Ciudadano de Víctimas y la Red de Organismos de Derechos Humanos "Todos los derechos para todas y todos". En un balance político, muchos de los cambios en las iniciativas se realizaron combinando cabildeo con presión mediática, colocando la agenda de las familias en el centro.

Ahora bien, la tercera iniciativa aprobada durante 2020 es la de Declaración especial de ausencia de personas desaparecidas, que reconoce el derecho de la presunción de vida de la persona desaparecida y los derechos humanos de las familias de las personas desaparecidas o víctimas indirectas. Esta iniciativa se había presentado desde 2019 en el paquete de las tres mencionadas Leyes, sin embargo, no es hasta octubre de 2020 que se retoma después de prácticamente dos periodos legislativos en la Sexagésima Cuarta Legislatura. Esta iniciativa se aprobó después de tres meses de discusión, que consistieron básicamente en dos mesas de discusión, una de 3 horas y otra de 45 minutos, en ambas participaron familias de personas desaparecidas. En este proceso, las organizaciones acompañantes solicitamos que se retomara la discusión tomando como base la iniciativa original, debido a que la propuesta de las Comisiones Unidas de Gobernación y Derechos Humanos y Atención a Grupos Vulnerables fue retomar un documento de trabajo discutido en 2019 con el Poder Judicial sin las familias. Este acto fue considerado como una traición que dinamitó la confianza que las familias tenían en el Congreso. "Es una legislación hecha desde la perspectiva del Juez, no de la víctima", señalaron quienes acompañan a las familias. El Colectivo Buscadoras Guanajuato y la Plataforma por la Paz y la Justicia en Guanajuato presentaron un documento técnico sobre los estándares relativos a la declaración especial de ausencia que no fue incorporado en la iniciativa (5).

En un balance global, se puede afirmar que las malas prácticas del Congreso de Guanajuato en su conjunto, así como de las Comisiones y diputadas/os en lo particular, son las siguientes:

- Concepción de las víctimas. Pese a algunos esfuerzos individuales de relacionarse de forma abierta y respetuosa con las familias de personas desaparecidas, fue notorio que institucionalmente el Legislativo no cuenta con capacidades para establecer una relación respetuosa y no revictimizante con las familias de personas desaparecidas.

- Comunicación formal. El Estado en su conjunto ignoró a las víctimas, además de haberlas criminalizado. A partir de esa concepción, se relaciona con ellas y no las considera como sujetos políticos con capacidad técnica para participar en los procesos legislativos, tratando con generalidades las comunicaciones que tiene con los Colectivos y sin considerar su condición de vulnerabilidad y la revictimización de la que han sido objeto.
- Documentos de trabajo. Contrario a la práctica de dicho Congreso, se considera necesario que la discusión no solo se realice durante las mesas de trabajo, sino que se haga también a través de documentos técnicos, que pueden ser comparativos, pero también argumentaciones sobre la pertinencia de las sugerencias de las familias y sus acompañantes, que demuestren la suficiente fundamentación y motivación.
- Diálogo técnico y diálogo de saberes es posible si el Congreso lo intenciona. La tendencia del Congreso de establecer una brecha señalando que "algunos temas son demasiado técnicos" para las familias, lo que hacen en impedir en la práctica la participación de los Colectivos. Por otro lado, considerar que solo las familias pueden participar en la discusión a partir del testimonio es reducir los aportes que sus vivencias pueden tener al ser traducidas en aportes técnicos a las iniciativas.
- Evaluaciones permanentes. La participación es un proceso continuo y por ello requiere una evaluación permanente de cada una de las acciones que la componen; para que esta vaya más allá de una consulta, se requiere que la comunicación y la toma de decisiones sea evaluada abiertamente por todos los actores involucrados en el proceso.

Durante la discusión de las tres iniciativas el Congreso de Guanajuato simuló la participación de las familias, desoyendo las propuestas en el sentido de adaptar metodologías y formatos para la discusión de contenido de acuerdo con estándares de derechos humanos.

La incidencia política de las familias de personas desaparecidas a partir de los Colectivos no terminó con la aprobación de las leyes, las familias participaron en el proceso de designación del titular de la Comisión de Búsqueda, así como en la elaboración del Reglamento e incluso forman parte actualmente del Consejo Ciudadano de la misma Comisión.

La discusión del Reglamento se realizó de manera virtual, lo que dificultó la participación más activa de las familias en la discusión de los argumentos de fondo del Reglamento, ya que la propuesta de la Secretaría de Gobierno, fue discutir la propuesta inicial realizada por ellos artículo por artículo.

En la propuesta de Reglamento realizada por la Plataforma por la Paz y la Justicia en Guanajuato junto con los Colectivos, se resaltan los siguientes temas, sugeridos en reuniones virtuales:

- Las facultades básicas para el buen funcionamiento del Sistema Estatal de Búsqueda, así como de su presidencia, secretaria técnica e integrantes.
- Las reglas mínimas para la toma de decisiones, participaciones extraordinarias, así como de la legalidad de sus acciones, entre otras.
- Las responsabilidades adicionales que debe desarrollar la Comisión Estatal de Búsqueda para coadyuvar en la institucionalización de la política pública en la materia, así como para regular y establecer los lineamientos de los instrumentos y mecanismos que faciliten dichas actividades.

Como ya se dijo, uno de los grandes temas de discusión durante la aprobación de la Ley para la Búsqueda, que quedó inconclusa al grado de ser rechazado en las reservas, fue el de detallar más los registros de información de carácter estatal que se presentan a la federación. En ese contexto, se propone un piso límite para la emisión de los lineamientos para el funcionamiento de dichos registros, que queden bajo la administración y coordinación de la Comisión de Búsqueda.

Para que la Comisión de Búsqueda sea realmente un órgano rector de mencionada política, deben priorizarse sus facultades para no desgastar tampoco su fuerza de tarea, así como sus recursos en la realización de acciones que no coadyuven de forma directa con las labores de búsqueda. Con énfasis en su papel de coadyuvante con otras instancias que puedan apoyar las labores de búsqueda a nivel nacional, con otras entidades federativas y a nivel internacional; incluso, en diálogo con otras instituciones no gubernamentales, especialistas en materia de búsqueda y organismos no gubernamentales de derechos humanos.

Las facultades del Consejo Ciudadano deben fortalecerse como un órgano de consulta y con facultades observancia respecto a la política pública en materia de búsqueda, tanto en su facultad como órgano autónomo, así como integrante del Sistema Estatal. Se propone fortalecer las directrices que debe seguir la Comisión de Búsqueda en la propuesta de lineamientos para la instalación y administración del Registro Estatal de Fosas, a fin de garantizar su funcionamiento y que el contenido de la información que se abastezca sea de utilidad en las labores de búsqueda.

CONCLUSIONES REFLEXIVAS

La organización de las familias de personas desaparecidas y la incidencia que han logrado en los últimos años dan cuenta de la importancia de mantener actualizada la discusión sobre el papel que tienen las víctimas constituidas como movimientos sociales. Como se señala en el trabajo, las desapariciones siguieron sucediendo durante la pandemia, pero la acción de las familias tampoco se detuvo.

Se sugiere seguir profundizando sobre las condiciones que requiere la participación de las familias de personas desaparecidas. A continuación, se apuntan algunos aspectos básicos:

Para empezar, es importante reconocer que se trata de una obligación convencional a nivel internacional, ya que el documento marco en la materia,[4] señala que cada "Estado Parte garantizará el derecho a formar y participar libremente en organizaciones y asociaciones que tengan por objeto contribuir a establecer las circunstancias de desapariciones forzadas y la suerte corrida por las personas desaparecidas, así como la asistencia a las víctimas de desapariciones forzadas". Es decir, recupera el espíritu del derecho a la asociación relacionada con la búsqueda y con la asistencia a víctimas.

En lo nacional, la Ley General de Desaparición Forzada de Personas establece en el artículo 5° en su numeral X que "las autoridades de los distintos órdenes de gobierno, en sus respectivos ámbitos de competencia, permitirán la participación directa de los familiares en las tareas de búsqueda, incluido el diseño, implementación y evaluación de las acciones en casos particulares, como en políticas públicas y prácticas institucionales". Lo que da el sustento de participación de forma directa en los tres espacios abiertos: casos individuales, políticas públicas y prácticas institucionales. Algunas autoridades estatales han señalado que este derecho no está suficientemente desarrollo en términos normativos.

Un tercer elemento básico sobre el tema es la atribución asignada en la Ley local a la Comisión de Búsqueda: "integrar grupos de trabajo interinstitucionales con participación de familiares y organizaciones de la sociedad civil en el Estado, para proponer acciones específicas de búsqueda, así como para analizar el fenómeno de desaparición". Es decir, la Comisión debe promover la relación entre familiares y organizaciones, lo que es muy claro en términos de obligación normativa.

Este marco nos permite asegurar que la participación no solo depende de la motivación intrínseca que tengan las familias de participar, sino que es fundamental que se establezca como parte

---

4 Convención Internacional para la Protección de Todas las Personas contra las Desapariciones Forzadas de la ONU de 2006, artículo 25.

de las políticas públicas para la búsqueda y la investigación. La pandemia de COVID-19, no limitó la participación de las familias que tuvieron que generar espacios de participación e incidencia, pese a las resistencias de las instituciones públicas, que además eran de reciente creación.

Para lo que se ha denominado el movimiento de víctimas, la agenda al momento de exhibir este texto, incluye modificar la Ley de Víctimas para el Estado de Guanajuato para fortalecer tanto el presupuesto operativo de la CEAIV como el Fondo de Atención a Víctimas, este tendría que calcularse siguiendo el artículo 157 de la Ley General de Víctimas (LGV) y, además, un porcentaje de las enajenaciones en materia penal deben formar parte del Fondo, a partir de la incorporación de lo establecido en el artículo 132 de la Ley. También se busca reforzar el derecho de ayuda, desvinculándolo de su relación directa con el hecho victimizante, según lo establece el artículo 8 de la Ley local.

Una preocupación constante en la búsqueda de personas desaparecidas y en la atención a víctimas es la falta de claridad de las responsabilidades que tienen los municipios, lo que requiere que estas se refuercen tanto en la Ley de Búsqueda como en la de Atención a Víctimas. En concreto, se propone:

- Reforzar las células de búsqueda (artículo 46) en los municipios, incluyendo la participación de las familias de las víctimas y ampliar la responsabilidad con los cuerpos de seguridad estatal. La ventanilla única municipal no fue incluida en 2020 y podría eficientar la coordinación con los municipios.
- Fortalecer las búsquedas en vida, ya que la Comisión de Búsqueda se ha dedicado poco a realizar estas acciones.
- Transparentar los Registros Estatal de Fosas y de Personas Fallecidas No Identificadas.
- Incluir el enfoque de migración a la Ley de Búsqueda, incluso refiriéndose al Mecanismo de Apoyo Exterior.

- Crear un Fondo específico para la búsqueda generalizada.
- Establecer un enlace permanente con el Sistema Estatal de Búsqueda.

En otros temas, las Buscadoras buscan reforzar las obligaciones estatales en materia de protección, por lo que intentan modificar la Ley en la materia.

Quizá una de las preocupaciones más importantes del Movimiento es la crisis forense en el Estado, por lo que la principal reforma a la Ley Orgánica de la Fiscalía General de Justicia del Estado es la relacionada con la independencia de los servicios periciales, que tiene la intención de impulsar un modelo de identificación humana que sea independiente de la fiscalía, ya que no se confía en sus procesos y a que no ha proporcionado información sobre la crisis forense que se vive en el estado.

Una serie de buenas prácticas de participación logradas por los colectivos son: a) darle contenido a la figura de Parlamento Abierto mediante consultas; b) solicitar la asistencia técnica de la ONUDH; c) presentar públicamente los documentos de trabajo del proceso legislativo, lo que incluye argumentar las razones por las cuales se incluyen o no las propuestas de las familias de las personas desaparecidas; y d) evaluar permanentemente el proceso con el marco de la participación sustantiva y del Parlamento Abierto, en función de los resultados y de las etapas de lo realizado durante la discusión legislativa.

Referencias bibliográficas

ALUNA (2019). Modelo de acompañamiento psicosocial, ALUNA acompañamiento psicosocial, tercera edición, página 30, https://www.alunapsicosocial.org/single-post/2017/04/06/modelo-de-acompa%C3%B1amiento-psicosocial-aluna, consultado el 31 de mayo de 2022.

CICR (2014). Acompañar a los familiares de las personas desaparecidas. Guía práctica. Comité Internacional de la Cruz Roja, CICR, https://www.icrc.org/es/publication/acompanar-los-familiares-de-las-personas-desaparecidas-guia-practica, consultada el 31 de mayo de 2022.

Congreso de la Unión. Ley General de Desaparición Forzada de Personas, Desaparición Cometida por Particulares y del Sistema Nacional de Búsqueda. [En línea] 12 de Octubre de 2017. [Citado el: 02 de Junio de 2021.] http://www.dof.gob.mx/avisos/2606/SG_171117/SG_171117.html.

Congreso de Guanajuato (2020). Ley Orgánica del Poder Legislativo. 17 de Agosto de 2020. https://congresogto.gob.mx/leyes/151.

Colectivo Buscadoras Guanajuato y Plataforma por la Paz y la Justicia en Observaciones a la iniciativa de la Ley de Declaración Especial de Ausencia para Guanajuato. [En línea] 2020 de octubre de 04. [Citado el: 04 de junio de 2021.] https://plataformapazyjusticia.blogspot.com/2020/10/observaciones-la-iniciativa-de-ley-de.html.

Hart, Roger (2014). Children´s participation: from tokenism to citizenship. https://plataformadeinfancia.org/wp-content/uploads/2014/05/childrens-participation-from-tokenism-to-citizenship.pdf., consultado el 15 de junio de 2022

IDHEAS, OCDV y FIDH (2020). Efectos de la pandemia de Covid-19 en el disfrute de los Derechos Humanos de las y los familiares de personas desaparecidas y/o localizadas sin vida y la respuesta del Estado Mexicano, encuesta presentada a los Procedimientos Especiales de la ONU, 15 de junio de 2020, https://www.idheas.org.mx/publicaciones-idheas/publicaciones-idheas-litigio-estrategico/efectos-de-la-pandemia-de-covid-19-en-el-disfrute-de-los-derechos-humanos-de-las-y-los-familiares-de-personas-desaparecidas-y-o-localizadas-sin-vida-y-la-respuesta-del-estado-mexicano/

ONU (2019). Principios Rectores para la Búsqueda de Personas Desaparecidas, ONU

ONU (2010). Convención Internacional para la protección de todas las personas contra las desapariciones forzadas de la Organización de las Naciones Unidas. Aprobado el 23 de diciembre 12 de 2010, recuperado el 02 de junio de 2021 https://www.ohchr.org/sp/professionalinterest/pages/conventionced.aspx.

Plataforma (2021) Informe: desapariciones, búsqueda y crisis de derechos humanos en Guanajuato, Plataforma por la Paz y la Justicia en Guanajuato, informe presentado al Comité contra las Desapariciones Forzadas de la ONU, diciembre de 2021, https://plataformapazyjusticia.blogspot.com/2021/11/informe-desapariciones-busqueda-y.html, consultada el 26 de mayo de 2022

Sandoval, R. (2021). Un mal acompañante, desinformémonos, 07 de mayo de 2021, https://desinformemonos.org/un-mal-acompanante/, consultada el 26 de mayo de 2022.

____________________ (2020). Qué son los procesos organizativos, https://poplab.mx/column/Laboratoriodelosderechos/Quesonlosprocesosorganizativos, Laboratorio de Periodismo y Opinión Pública, 05 de abril de 2020

____________________ (2020a). Investigar y buscar personas desaparecidas en Guanajuato, Animal Político, https://www.animalpolitico.com/blog-invitado/investigar-y-buscar-en-personas-desaparecidas-en-guanajuato/, consultada el 06 de junio de 2022.

____________________ (2020b). Las reservas de la Ley de Búsqueda, poplab, https://poplab.mx/column/Laboratoriodelosderechos/LasreservasdelaLeydeBusqueda, consultada el 06 de junio de 2022.

____________________ (2020c). Las personas desaparecidas en Acámbaro, https://poplab.mx/column/PlataformaporlaPazylaJusticia/LasdesaparicionesenAcambaroGuanajuato, poplab, 6 de diciembre de 2020.

Capítulo 5

Tras los rastros del narcotráfico en la cotidianidad de jóvenes rurales de Palos Altos, Jalisco

DAVID SÁNCHEZ SÁNCHEZ [1]

El texto explora un aspecto de la vida cotidiana que cada vez va tomando más centralidad en la condición juvenil rural en México: el narcotráfico. Por la inseguridad que implica investigar el tema a fondo, uno de los accesos a la información fue a través de entrevistas exploratorias a jóvenes rurales, de las cuales surgió una clave metodológica al analizar las envolturas de distintos productos que estaban tiradas en un espacio de socialización comunitaria. A partir de esta clave se explora la posibilidad de interpretar etnográficamente los significados de esa basura y sus implicaciones en la vida cotidiana de las y los jóvenes que las consumen o que ven a sus pares consumirlas; a partir de la basura se hablan de las relaciones comunitarias e intergeneracionales, se problematizan los consumos, no solo de drogas sino de otras sustancias como la comida chatarra, en un contexto rural marcado por el neoliberalismo y, a través de las voces de jóvenes se habla de algunos aspectos del consumo de drogas, de consumos culturales relacionados y de la violencia inherente al tema.

Palabras clave: narcotráfico, comunidad, condición juvenil rural, etnografía, basura.

---

[1] Investigador posdoctoral en la maestría en Gestión y Desarrollo Social (CUCSH-UDG). Correo: david.sanchez@academicos.udg.mx

Following the traces of drug trafficking in the daily lives of rural youths in Palos Altos, Jalisco.

Abstract

The text explores an aspect of daily life that is becoming increasingly central to the condition of rural youth in Mexico: drug trafficking. Due to the insecurity involved in investigating the topic in depth, one of the ways to access information was through exploratory interviews with rural youth; from which a methodological key emerged when analyzing the wrappers of different products that were thrown in a space of community socialization. From this key we explored the possibility of ethnographically interpreting the meanings of this garbage and its implications in the daily lives of the young people who consume them or who see their peers consume them; The garbage is used to talk about community and intergenerational relationships, to problematize consumption, not only of drugs but also of other substances such as junk food, in a rural context marked by neoliberalism, and through the voices of young people we talk about some aspects of drug consumption, related cultural consumption and the violence inherent in the subject.

Key words: Drug trafficking, Community, Rural Youth Condition, Ethnography, Garbage.

INTRODUCCIÓN

Este escrito retoma un apartado de la investigación doctoral del autor sobre juventudes rurales, en la cual se exploran algunas huellas del narcotráfico en la comunidad de Palos Altos, en el municipio Ixtlahuacán del Río, Jalisco. El marco interpretativo que se construyó para este estudio es el de la condición juvenil rural (Sánchez, 2020), mismo que se desarrolla en la tesis antes mencionada, entendiéndolo como un dispositivo teórico metodológico para el estudio de las juventudes rurales, conformado por la intersección de las dimensiones estructural, territorial e intersubjetiva.

Cada una de ellas es necesaria para entender la complejidad de la juventud de una localidad específica y de las problemáticas que viven; en este caso será utilizado para abordar el tema del narcotráfico.

Desde 2006, este fenómeno ha permeado el espacio público debido a la estrategia de la "guerra contra el narcotráfico" emprendida por el Gobierno mexicano. Posterior a esa fecha, el fenómeno ha sido cada vez más estudiado debido a la complejidad del mismo y a todas las problemáticas asociadas a este; algunas veces ha sido asociado estereotípicamente a las difíciles condiciones de vida socioeconómica en los espacios rurales y sobre todo a las juventudes rurales, por lo que el tema merece ser estudiado a mayor profundidad.

La violencia relacionada al narcotráfico se ha ido recrudeciendo en las distintas regiones del país. La vida cotidiana de las comunidades rurales y de las ciudades se ha visto enrojecida por actos violentos que alteran la vida cotidiana. Los niños del 2006 son hoy jóvenes que en alguna medida tienen normalizada la irrupción social del narcotráfico en diferentes aspectos de la vida, como por ejemplo, la música, las series televisivas y las conversaciones cotidianas. Entre estos aspectos resalta el viraje que tiene el país de ser mayoritariamente productor a ser un importante consumidor. El aumento del consumo de drogas entre la juventud mexicana es constante y se puede constatar al echar una mirada a los desechos que tales productos generan, las envolturas de droga se mezclan con otras basuras, y cada vez más forman parte de los plásticos que están tirados en las calles de la comunidad.

Una perspectiva etnográfica puede ser útil para interpretar los sentidos que tienen estas basuras en la comunidad, entendiendo estas como símbolos de una sociedad que pueden ser historizados y contextualizados, para escudriñar qué nos pueden decir de la vida comunitaria y de la condición juvenil rural en específico. De esta manera se propone un abordaje etnográfico, que a manera de metáfora se ha llamado "arqueológico", por el uso de lo material como cultura (Hodder, 1994; González, 2017).

El texto se organiza de la siguiente manera: se presenta un primer apartado con algunos elementos de orden estructural y territorial, para contextualizar a la comunidad y a sus jóvenes; complejizando el análisis al problematizar el narcotráfico como parte de la condición juvenil rural y al relacionarlo con otras problemáticas como los precios del maíz y la violencia, dándole así un contexto más amplio. Posteriormente, se recuperan algunos elementos sobre la concepción del carácter etnográfico trabajado en este caso, que permiten explorar la dimensión intersubjetiva y darle rostro local a las condiciones estructurales y territoriales. Después se rescata un fragmento de la tesis doctoral antes mencionada, escrito en clave etnográfica, en el cual a partir de una serie de envoltorios plásticos rescatados del suelo de una cancha comunitaria de futbol se elaboran una serie de interpretaciones en torno al papel que está jugando el narcotráfico en la vida de los jóvenes y de la comunidad misma.

PISTAS PARA EL ANÁLISIS DE LA CONDICIÓN JUVENIL RURAL DESDE LA DIMENSIÓN TERRITORIAL Y ESTRUCTURAL DEL NARCOTRÁFICO EN EL OCCIDENTE DE MÉXICO

El análisis de la Condición Juvenil Rural (2020) es un abordaje de las juventudes rurales que nos señala que para comprender a las juventudes rurales y sus problemáticas hay que tomar en cuenta la interacción de tres dimensiones: la territorial, la estructural y la intersubjetiva. En el caso analizado se puede observar la compleja relación que existe entre ellas, y como configuran las vidas juveniles y las comunitarias.

Desde la dimensión estructural y la territorial hay que reconocer los distintos momentos en que se ha configurado lo rural como un territorio en disputa a partir de las distintas actividades económicas que en este se realizan, y cómo cada actividad esta intrínsecamente relacionada con aspectos estructurales; por ejemplo, la migración, la agricultura o la educación como trayectorias deseables en la vida juvenil que fueron influenciadas por cambios globales, internacionales y nacionales y esos procesos de cambio se explican desde el paso del desarrollo al neoliberalismo, como discursos y prácticas distintas que orientan la reconstrucción de la vida social desde lo estructural (Sánchez, 2020).

Es importante darle un lugar a esta situación, no solamente porque la violencia derivada de esta actividad ha impactado la vida local y nacional, también porque la condición juvenil rural está fuertemente influenciada por esto. Es una preocupación cada vez más hablada entre las generaciones, el hecho de las y los jóvenes cada vez se ven más atraídos a este tipo de vida, y se piensan siguiendo sus trayectorias en ese espectro. Desde los niños que juegan a las balaceras, mientras repiten frases que escuchan en narcocorridos, hasta mujeres jóvenes que aspiran a casarse con un narco, hombres jóvenes que dicen "mejor cinco años de rey y no veinte años de perro". Todo esto va minando la vida cotidiana.

Desde la dimensión estructural y en específico desde el Estado mismo, se fueron configurando tres grandes trayectorias para las y los jóvenes de la comunidad, todas ellas cobijadas en alguna medida por discursos oficiales que las impulsaron a través de distintas intervenciones de desarrollo (Escobar, 2007). El caso del narcotráfico, en lo público, es confrontado por el discurso Estatal, tratando de sostener su monopolio de la violencia, sin embargo, según algunos analistas más críticos, en el fondo, el Estado mismo está coludido con el narco, o peor aún, el narco es considerado una parte oculta, pero necesaria, del aparato económico y represivo del Estado (JEN, 2014).

En términos generales, hay quien habla de que el narcotráfico es parte importante del modelo económico actual, no como defecto, sino como componente estructural; así como se sabe que la industria armamentista sostiene gran parte de la economía capitalista. Así también "el sistema actual requiere del dinero del narco para poder mantener ciertos periodos de estabilidad" (Torres, 2003). En esta estructura ese dinero no pasa por los mecanismos financieros institucionales, además se usa para la compra de armas, aun sin estar oficialmente en guerra. "Aparte de que con ese dinero se financia el modelo neoliberal, que se centra en la especulación más que en la producción, teniendo como premisa básica y pretexto de fondo la llamada guerra contra el narco". Finalmente, como menciona Torres (2003), mientras se castiga a los consumidores, se premia a los barones de la droga, "que viven dentro de la estructura real del modelo contra".

Sobre el devenir del narcotráfico en México hay ya mucho escrito, por lo que me interesa aquí hablar más sobre el narcotráfico en lo local y como ha permeado la vida cotidiana. Sin embargo, haré algunos recuentos generales para entender las particularidades de este tema en Palos Altos y en Jalisco.

Se sabe que el mismo gobierno estadounidense promovió el cultivo de amapola y marihuana en México, sobre todo al final de la Segunda Guerra Mundial, (Tribunal Permanente de los Pueblos- Capítulo México, 2016). Como la revolución verde (Pichardo, 2006), y el Programa Bracero (Durand, 2007), esto también inició con un acuerdo entre los gobiernos de los dos países, aunque obviamente no sería considerado como una intervención de desarrollo (Escobar, 2007). Por algunas décadas el país fue productor de drogas para la venta en Estados Unidos, y por lo lucrativo e ilícito de la actividad pronto se convirtió en una fuente importante de ingresos. Resulta de ahí que "la creación del cártel de Guadalajara, como una organización que controlara todo el narcotráfico en el país, no fue una iniciativa de los jefes de bandas de narcotraficantes, sino una iniciativa de agentes del Estado del más alto nivel". [2] (CCSPJP, 2015).

---

2 Leopoldo Sánchez Celis (gobernador de Sinaloa entre 1963 y 1968), "al parecer fue el primero en concebir la idea de una organización del

Guadalajara históricamente fue el centro político, económico y cultural de todo el occidente de México, y durante la Colonia, también del norte hasta Sinaloa y Sonora. La segunda ciudad en importancia en México ha sido también históricamente un punto geoestratégico para las drogas. El cártel de Guadalajara fue creado en 1978. Desde la lucha contra el narcotráfico de Estados Unidos en aquellos años, no se atacó el problema de raíz, y aunque bajó la producción por una temporada en el Triángulo de Oro, las demás actividades de narcotráfico se comenzaron a concentrar en Guadalajara, un espacio donde los capos tenían cierto anonimato, protección de agentes de gobierno, una ciudad en crecimiento donde se podía lavar el dinero de la droga, y una cercanía estratégica con los puertos y las rutas de droga. Con el cártel de Guadalajara, se impulsó la siembra de marihuana "en amplias áreas rurales en los estados de Chihuahua, Durango, Sinaloa, Jalisco, Colima, Nayarit, Zacatecas y San Luis Potosí, principalmente" (CCSPJP, 2015).

Por su propia naturaleza, estas actividades siempre han estado en disputa por distintos capos; en el área de Guadalajara fueron Amado Carrillo, *El señor de los cielos* y después Nacho Coronel. Quien junto a Joaquín *el Chapo* Guzmán, (tras su fuga en 2001) fundaron La Federación, "un nuevo intento por crear una organización nacional centralizada del narcotráfico con protección de agentes del Estado" (CCSPJP, 2015). Por unos años más, Guadalajara volvió a ser un centro importante para el narco, hasta el inicio de la guerra contra el narco del expresidente Felipe Calderón.

El gobierno de Calderón comenzó muy cuestionado por acusaciones de fraude electoral, y a los pocos días de iniciar, anunció triunfal su fallida guerra, que fue provocando una escalada

---

narcotráfico altamente centralizada, protegida y férreamente controlada por agentes del Estado". Rubén Zuno Arce, cuñado del expresidente Echeverría y Javier García Paniagua, hijo del general Marcelino García Barragán (exgobernador del estado y secretario de defensa de Gustavo Díaz Ordaz) (CCSPJP, 2015)

de violencia, y que puso al narcotráfico en el primer plano de la esfera pública, tanto por la violencia como por el crecimiento de lo que algunos llaman la "narcocultura" en los medios de comunicación (Rodrigues & Caiuby, 2019). Durante los progresivos enfrentamientos se fueron dispersando aún más las organizaciones delictivas, conformándose distintos grupos. El negocio seguía más vivo, y ahora ya no solo se vendía droga a Estados Unidos, sino que fue aumentando el consumo interno en el país (Rodríguez, 2021).

Según distintas fuentes periodísticas, Nacho Coronel, fue el que impulsó la producción y exportación de metanfetaminas teniendo como base Guadalajara y el estado de Jalisco; sin embargo, muere en 2010 en uno de los enfrentamientos, y tras su fallecimiento las disputan crean varias agrupaciones, entre las que fue destacando el Cártel Jalisco Nueva Generación (CJNG). Para esas fechas ya había irrumpido la violencia en la Zona Ixtlahuacán-Cuquío (ZIC) y a la par de los narcocorridos, fue siendo un tema cada vez más presente en Palos Altos; además, se habían "encontrado" al menos un par de narco laboratorios en la ZIC, lo que habla de la penetración de este cartel en la zona.

El crecimiento del narcotráfico en el país no solo se puede explicar por la injerencia estadounidense en el tema ni por la infiltración del narco en las instituciones estatales, es también, como se decía anteriormente, una cuestión económica y cultural. Con respecto a lo económico, encontramos la relación con el empobrecimiento del medio rural, un impulso por parte del estado para la agricultura comercial, con una creciente descampesinización que explica, en parte, también la migración tradicional a Estados Unidos desde Michoacán, Guanajuato, Jalisco, Zacatecas, Durango, Nayarit y Sinaloa. En cuanto a lo cultural, que en el occidente sus zonas rurales son cercanas a la identidad ranchera más que a la indígena, y por la migración existe una tendencia a valorar el consumo y estilo de vida estadounidense.

Profundizando más en lo económico, existe un estudio (Garcia, 2015) que revela cierta relación entre la caída de los precios del maíz y el aumento en la producción de marihuana. A través del análisis estadístico de cifras oficiales, sobre potencial de producción de maíz, erradicación de cultivos de marihuana y amapola, y asesinatos relacionados al narco, los autores afirman que "existe una relación estrecha entre la situación económica de las comunidades rurales y el desarrollo del narcotráfico. O dicho de otro modo: el empobrecimiento del campo ha abierto las puertas al crimen organizado en México" (Garcia, 2015). Entre otras cosas, el estudio realiza un mapeo por municipios, representando con colores la información antes mencionada, y resulta revelador visualmente. Tomando como base esos mapas, es importante ver que la ZIC se encuentra muy cercana a las regiones de mayor potencial maicero, y también a las de siembra de marihuana; asimismo, hay presencia de violencia asociada al narco.

Ilustración 30. Georreferencias de potencial cultivo de maíz y su correlación con el cultivo de marihuana y la violencia asociada al narcotráfico

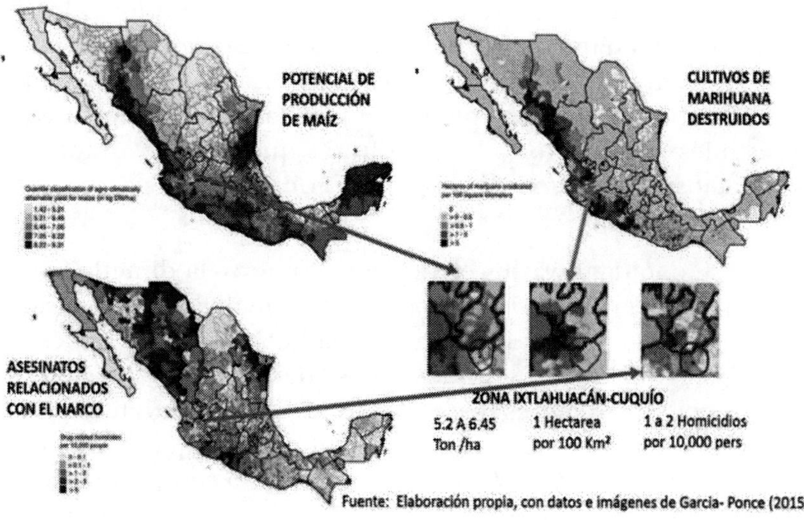

Fuente: Elaboración propia, con datos e imágenes de Garcia- Ponce (2015)

Como es sabido ampliamente, el giro neoliberal del Gobierno mexicano ha ido vulnerando crecientemente a los campesinos, y con la firma del TLC, los precios del maíz se fueron cayendo, pues la competencia con los productores estadounidenses es sumamente desigual. El estudio de García-Ponce recupera los precios del maíz y al establecer comparaciones con los cultivos de marihuana erradicados, así como con los decomisos registrados, se observa claramente que mientras el precio cae, las actividades relacionadas con la marihuana aumentan. Como menciona García (2015), "El empobrecimiento de los campesinos y productores de maíz conduce no solo a un mayor cultivo de drogas, sino a mayor violencia, seguramente porque se empiezan a establecer otras dinámicas económicas en los municipios". Siendo la ZIC una zona maicera, es importante tener esto en cuenta para entender más profundamente el narcotráfico.

Por otra parte, también es necesario entender que las dinámicas agroindustriales que tomaron más fuerza después del TLC, están profundamente relacionadas con el cambió en los consumos en general, y con los hábitos alimenticios en particular. En las comunidades rurales se consumen cada vez más los productos de comida chatarra; lo cual, además de traer impactos en la salud ha cambiado el tipo de residuos y basura que se genera. En ese sentido, la basura que generan estas nuevas mercancías comestibles, y sobre todo las envolturas que quedan tiradas en los espacios, nos aproximan a la vida cotidiana de las personas de una comunidad.

Aquí se conjugan varios elementos. Primero, la dimensión intersubjetiva de la condición juvenil rural, que nos lleva a considerar que la realidad social es una realidad compartida a través de símbolos, significados y sentidos que se dan en la interacción de distintas generaciones, es decir, que lo juvenil no se define por sí mismo sino que está en relación. De tal manera que, para acceder a ese interactuar y darle interpretación para comprenderlo, la mejor manera es la etnografía. No obstante, en este caso no solo es a partir de la observación de la interacción entre sujetos, sino entre los residuos que dejan estos en sus prácticas, que se llega al tema del narcotráfico.

APUNTES TEÓRICOS SOBRE ESTA APROXIMACIÓN ETNOGRÁFICA A LAS ENVOLTURAS

La etnografía en su triple acepción: enfoque, método y texto (Guber, 2001), se vuelve una especie de caleidoscopio que nos permite diferentes imágenes según lo que pongamos en el centro: los movimientos o las intenciones. Sobre discusiones acerca de la etnografía hay mucho escrito, ya que, como es sabido, es una de las metodologías clásicas en las ciencias sociales y sigue actualizándose. En general, se podría decir que "una etnografía presenta la interpretación problematizada del autor acerca de algún aspecto de la "realidad de la acción humana"" (Guber, 2001).

Cuando se habla de una aproximación etnográfica se hace referencia a un modo de acceder e interpretar a la vida cotidiana, en el cual la observación participante, mediante conversaciones y entrevistas focalizadas, se busca la interacción con las personas que la viven y esto se convierte en un componente básico (Restrepo, 2016). Otro aspecto importante en este caso presentado es la reflexividad, que permite reconocer el punto de vista del autor en la construcción de la interpretación y el texto (Guber, 2001). En el caso presentado, el punto de vista de esta narración es, en momentos, incluso auto etnográfico, puesto que, como autor soy nativo de la comunidad sobre la cual realizo esta aproximación.

Este enfoque está influido por la psicología colectiva (Fernández, 1994), que propone que la sociedad es una totalidad de comunicación, de símbolos, significados y sentidos, que se pueden rastrear a través de sus sistemas simbólicos. Fernández Christlieb (2001) menciona que se puede concebir a la psicología colectiva como una tarea sistemática de averiguación de los procesos y contenidos del conocimiento y la afectividad colectivos, y que esta tarea se realiza indagando en cuáles ámbitos "adquieren significado los múltiples objetos sociales y cómo se les interpreta; cómo se van generando realidades significativas y cómo se van perdiendo, cómo se recuperan o se transforman y se crean otras con cuáles símbolos y con cuáles no", tal planteamiento es similar a lo que buscan los trabajos etnográficos.

Para el este autor hay otros actos lingüísticos cuya naturaleza no es tan fugaz como la de la palabra hablada, es decir, que toman literalmente un mayor peso y se cristalizan en la vida cotidiana a manera de prácticas en espacios determinados y de objetos definidos. Para interpretarlos se puede hacer análisis de los objetos, espacios y prácticas, como si fuesen discursos lingüísticos, porque estos se constituyen como tales en la colectividad, que está hecha de comunicación. Este enfoque es similar al análisis de textos no escritos, narrados por (Ruiz, 2003) o al análisis de la cultura material (Hodder, 1994), en los cuales se busca hacer hablar a los objetos y que nos digan algo sobre la realidad estudiada.

Estos símbolos, si no nos fijamos bien, pueden ser tomados como utilería y escenario, y aparentan no entrañar significados ni formar parte de la intersubjetividad, ya que los miembros de la colectividad, los usan, los sienten, los manejan, pero poco o nada hablan de sus significados, se sienten, "afectan" a las personas y sus relaciones. La aproximación etnográfica que se plantea aquí, entonces, busca hacer hablar a los objetos y a las personas que los utilizan, construyendo una narrativa verosímil que está fundamentada en observaciones previas y en entrevistas, que en conjunto con los objetos ofrecen un panorama en este caso sobre el narcotráfico en la vida juvenil y comunitaria.

Tal y como la hace la arqueología (González, 2017), a través de los rastros materiales se pueden leer e interpretar aspectos de la vida cotidiana en las sociedades pasadas, pero en este caso sostengo que también esos rastros materiales pueden estudiarse como objetos del presente que hablan de lo que está sucediendo en una comunidad. En este caso se construye toda una interpretación a partir de una serie de envolturas que fueron encontradas en un espacio de socialización comunitaria. La arqueología de la basura, se ha realizado en otros estudios sociales, centrada sobre todo en la cuestión ambiental (Obando, 1998; Bernache, 2006). Sin embargo, en el caso estudiado, el uso de la basura para "etnografiar" a partir de ella, vino de las entrevistas mismas y no del seguimiento de una teoría y una metodología; el caso fue el que sugirió el uso de estas envolturas, y ahora en este texto se hace una reflexión metodológica a posteriori.

"ARQUEOLOGÍA" DE UN MONTONCITO DE BASURA[3]

La cancha de futbol de la comunidad de Palos Altos, llamada por sus vecinos el campo, es un lugar importante para los habitantes. Para la mayoría de niños y niñas es un lugar que les gusta, lo reconocen como parte de su localidad. Ahí se han ganado finales de la liga municipal de futbol, ahí se han corrido carreras de velocidad en las que dos o más hombres tratan de probar su virilidad a la vista de otros, ahí se reúnen algunos domingos los familiares y aficionados del futbol local, toman cervezas, gritan porras y algunos jóvenes se coquetean. Por tradición se reúnen por las tardes niños y jóvenes a jugar futbol y a veces el municipio ofrece un entrenamiento a niños y niñas algunos días a la semana.

Es un espacio que usan también algunas mujeres adultas para ir a correr y hacer ejercicio; incluso, a veces es el centro de reunión del programa social en turno (Oportunidades, PROGRESA, PROSPERA), ya sea para recibir una plática u obligadas a juntar basura para cumplir con los requisitos que les imponen a cambio del dinero. Una concurrida boda de una líder juvenil religiosa se llevó a cabo ahí; y cada año en octubre es escenario de un gran baile conocido como La fiesta de los burros, que genera decenas de costales de basura. Gran parte

---

3 Este fragmento es parte de la tesis doctoral referida (Sánchez, 2020).

del día (de 9 a. m.-4 p.m.) está solo; en las noches es oscuro, y por eso mismo a veces es refugio de alguna parejita juvenil que busca algo de privacidad, escenario de algunos episodios de violencia de pareja, o de grupitos de jóvenes que se reúnen de vez en cuando para "pistear" y escuchar música de banda. Sirva lo anterior para dar cuenta que es un espacio de sociabilidad importante; y por lo mismo, debido a toda la actividad que alberga, es un lugar donde se acumula basura.

La arqueología hace reconstrucciones de la vida cotidiana de un pueblo a partir de los objetos que va encontrando al remover las capas que con que el tiempo van haciéndose presentes en los espacios. Por eso es que tomo esa metáfora, y como si fuese un arqueólogo me di a la tarea de caminar por los márgenes del campo y husmear un poco esa basura pequeña que va quedando. Conformé caminé fui juntando algunos objetos para mi exploración, los deposité agrupados en el piso y ahí mismo tomé la siguiente fotografía:

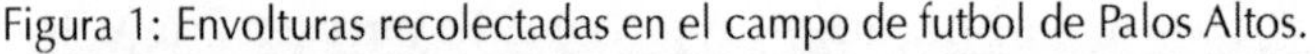
Figura 1: Envolturas recolectadas en el campo de futbol de Palos Altos.

Jugando a la "arqueología" y por observaciones etnográficas y autoetnográficas es posible imaginar la historia de cada uno de esos objetos, incluso establecer una relación intergeneracional entre ellos, rastrear sus orígenes comerciales, y pensar en cuando llegaron esos productos a Palos Altos. Está la clásica Coca-Cola, probablemente de algún veterano de futbol, que ya no puede jugar pero se reúne a ver (aunque ese refresco lo toma cualquiera); están también los cigarros, con su anuncio de "prohibida la venta a menores", aunque es muy probable que sean los menores quienes los fumen; están las corcholatas de cerveza, de quienes apoyan con su presencia al futbol, que por ser a medio día, generalmente hace calor, las tapas de cerveza anuncian la edad supuestamente mínima para la venta, no así para el consumo. Están los chicles de menta, necesarios para tener un buen aliento antes de platicar con el prospecto de novio o novia. También hay cáscaras de cacahuate, la primera botana usada en el futbol y la que sigue siendo preferida por algunos padres y por abuelos que ahí observan el partido mientras hablan de algún apuro cotidiano de sus trabajos o les dan dinero a sus hijos o nietos para que se compren Sabritas y jugo. Están los Doritos, frituras que bien pudieron ser consumidas por alguno de los niños que juegan con su balón mientras está el partido, ya que es el día que traen más dinero para comprar, o de algún joven, que seguramente los aderezó con mucha salsa Valentina, aunque sus padres le regañen porque ya tiene gastritis. Se encuentran también los dulces más baratos, como los polvitos picantes o las mini gelatinas que pudo haber comprado algún niño con el par de pesos que le sobraron del dinero que le dieron para gastar en la escuela.

Dentro de todos esos pedazos de envolturas hay cuatro que escandalizarían a los mayores de la comunidad: una, cuya leyenda dice SICO (preservativo), muy anunciado en la televisión mientras varios miembros de la familia, entre ellos los más pequeños, ven algún programa de comedia de Televisa; envoltura cuya presencia nos recuerda que las y los jóvenes buscan espacios para tener sexo, aunque la tradición ranchera y católica se los niegue hasta estar casados. Y los otros tres, que son los que me interesan más ahora, son unas pequeñas bolsitas cuadradas, cuya presencia no es fácil de advertir para quien no las conoce, miden dos centímetros, unas son de color azul y otras un poco amarillas. Con una calcomanía redonda pegada, de colores metálicos a manera de holograma, entre todas ellas la más nueva, todavía son claras las letras de la marca de ese producto: CJNG (Cartel Jalisco Nueva Generación). En efecto, una nueva industria, adictiva como la Coca-Cola o las Sabritas, ha entrado a Palos Altos, y distribuye sus productos entre los jóvenes, y las envolturas revolotean con los remolinos de aire junto a otras y se atoran entre el zacate.

"Aquí en el campo seguido veo bolsitas. Una vez que quise tocar una, mi novio me dijo que no; que si no sabía lo que era; y, pues, yo así de: no. Nunca me había fijado" (Entrevista, JM-17[4], 2017). Así como mi entrevistada, a pesar de caminar casi diario por "el campo", nunca había advertido esas basuritas especiales hasta que alguien más me lo dijo, son tan pequeñas que se confunden con las demás. Sin embargo, algunos ya saben distinguir que "la azul es de cristal y la amarilla de cocaína. Así me dijo él"; y como muestra del nivel de consumo me dice: "casi siempre veo más azules que amarillas". Estábamos platicando sobre las drogas en Palos Altos, y cuando me dijo eso le pedí que me mostrara alguna cuando volviera a verla, ella misma me propuso con mucha seguridad que saliéramos a buscarlas, porque de seguro encontrábamos, y así fue, en no menos de cinco minutos pudimos encontrar tres bolsas, y para mi suerte la primera fue de cocaína, la más escasa para la percepción de mi entrevistada. Las calcomanías se ven desgastadas, pero alcanzo a leer en una de las bolsitas, las letras que se me quedaron muy grabadas: CJNG. Una marca, así como las otras (Sabritas, Coca-Cola, SICO, etc.) que ya conocía por la publicidad.

---

4 Las entrevistas a jóvenes son referenciadas como JM (joven mujer) o JH (joven hombre), más la edad, para dar un contexto de la voz que se está recuperando.

Los consumos que se infieren a partir de las envolturas en la imagen, como ya lo había mencionado, tienen muchos orígenes e historias. Los chismes sobre consumo de droga en Palos Altos dicen que comienza a haber casi desde que hay telesecundaria, según lo dicen algunas personas entrevistadas, pero en aquellos tiempos, supuestamente era más focalizado el problema, solo pocos jovencitos eran juzgados como "marihuanos".

Figura 2. Ubicación geográfica de áreas de cultivo de marihuana en la zona Ixtlahuacán del Río-Cuquío

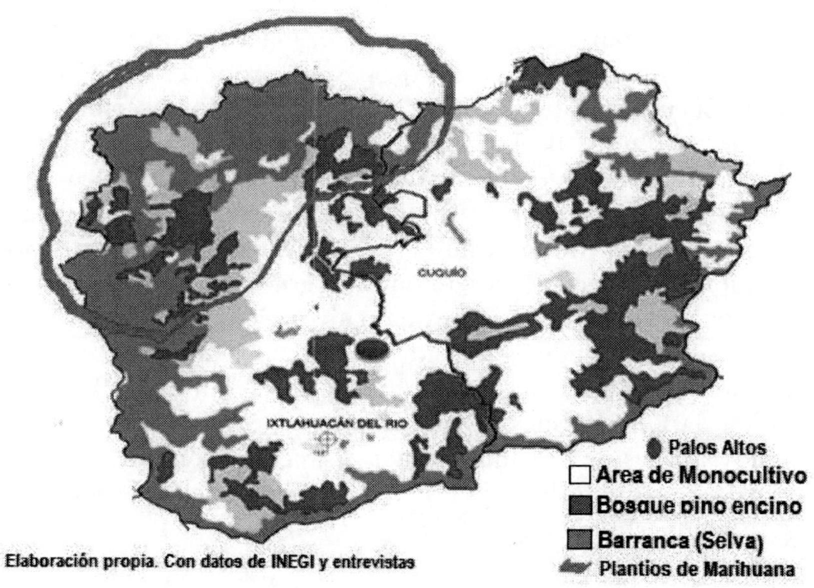

Tanto en Ixtlahuacán como en Cuquío hay producción de marihuana, en Ixtlahuacán, al menos, desde los ochenta, según algunos testimonios que he podido escuchar. Recuperando la visión territorial de la Zona Ixtlahuacán del Río-Cuquio (ZIC), y teniendo en cuenta que las actividades económicas y las relaciones en torno a ellas, también configuran los territorios, podría decir, que así como el monocultivo de maíz ha sido una actividad muy importante y está ubicada geográficamente en porciones específicas (la parte blanca del mapa); en las zonas donde es más difícil la siembra en monocultivo, y que tradicionalmente fueron apenas de subsistencia, son ahora las zonas que el narcotráfico tiene para su producción. En específico, la parte señalada con azul, colindante con el sur de Zacatecas, es la zona más tradicionalmente "marihuanera",[5] donde es sabido de voz popular que son comunes los plantíos de marihuana, son las zonas de más difícil acceso donde inicia la sierra que correrá hasta el famoso Triángulo de oro,[6] lugar por excelencia del narcotráfico.

El uso de la marihuana, además de ser más antiguo, no deja las mismas evidencias que las otras drogas. La producción de drogas a nivel más industrial es reciente, y es un proceso parecido al de las otras envolturas de la fotografía analizada. Pensando analógicamente en la comida chatarra, antes del TLC[7] los dulces que se consumían eran menos variados y de productos más naturales como coco, tamarindo y caramelo de azúcar de caña, con envolturas menos coloridas. Actualmente las golosinas son más industrializadas, con muchos colores llamativos y con aditivos y azúcares que algunos médicos consideran tóxicas y adictivas, además el paquete puede ser más importante que el contenido. Eso vale también para las bolsitas de marihuana, en comparación con las actuales bolsitas de metanfetaminas. Así como hay cambios en la industria de las golosinas, también lo hay en la de las drogas, y la basura es muestra de ello.

---

5 Así la refiere una joven que ha trabajado en la cosecha de marihuana, en una conversación informal con respecto al tema.

6 Es una zona conformada por municipios rurales y en su mayor parte serranos de los estados de Sinaloa, Chihuahua y Durango, considerada como la cuna del narcotráfico en México.

7 Tratado de Libre Comercio de América del Norte, que entró en vigor en 1994

Sobre dichas bolsitas, mi entrevistada me platicó su versión. Reproduzco aquí algunos fragmentos, editados a manera de párrafo, pero tomados de su propia voz:

> Un amigo me decía que el cristal es una piedra, pero ya te la venden en polvo, y la coca no me acuerdo y, por lo general, lo que te encuentras en las calles son las bolsitas azules con un sello; ahora ya las hacen, así como selladas, porque se las *chapulineaban* [...] el cristal es más barato, y aparte el cristal dicen que se siente más machín que la coca. [...] el sello no sé, es como para diferenciar las plazas, pero yo casi nunca junté las bolsitas [...] Ahorita que acaba de pasar La fiesta de los burros, había muchas [...] otro amigo, era de que iba caminando, e iba todo el rato buscando bolsitas para ver si todavía tenían algo, como mucha desesperación, como cuando no podía comprar. Por la calle donde viven mis papás hay muchas (Entrevista, JM-17, 2017).

Gracias a esta entrevistada, pude agudizar mi mirada sobre las bolsitas de droga, y he podido encontrar las siguientes variedades de sellos:

Figura 2. Etiquetas de envolturas de droga recolectadas en las calles Palos Altos.

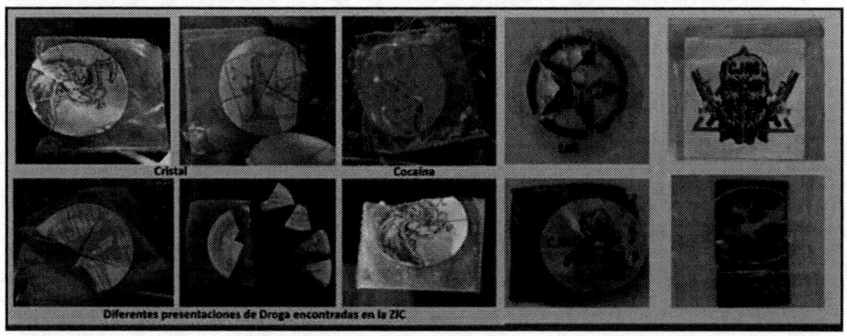

El término "chapulinear" se refiere a una práctica que los jóvenes que venden droga intentaron hacer para sacar un poco más de ganancia, dividiéndola o alterándola con otras sustancias para vender por su cuenta en otras dosis. Esto sucedía cuando la droga se vendía en pequeñas bolsitas tipo Ziploc (con cierre resellable), por lo que el cártel decidió venderla en bolsas selladas por ellos mismos, siempre del mismo tamaño.

En la zona de Ixtlahuacán-Cuquío, no se habla tanto de los cárteles, las y los jóvenes entrevistados, y en general todas las personas, hablan más bien de "los de la plaza". Pareciera que la palabra narcotráfico, ha diluido su significado como delito, y a veces se platica como si fuese otra actividad cualquiera. A partir de esta experiencia, es importante hablar de cómo el narcotráfico ha evolucionado su presencia en la zona.

> según eso, llegan los de la plaza, así como apoderándose de ranchos o pueblos, según eso para proteger, no entiendo de qué y, pues, para que no entren tipos desconocidos a vender drogas, sino a los de siempre [...] Se supone que son de Yahualica, y entonces que decidieron así apoderarse de Cuquío, Palos Altos, Ixtlahuacán, y más ranchitos así, de estos lados. Dice un amigo que cuando llegaron a Yahualica les dijeron que nosotros queremos este lugar y nosotros los vamos a proteger. Que incluso dijeron que ellos no iban a estar extorsionando o secuestrando personas ni cosas así, ellos nomás querían venir a vender drogas y ya, y ya si alguien se metía de otro lado pues ya (Entrevista, JM-17, 2017).

El estereotipo hace pensar que los jóvenes siguen acríticamente el narco, pero dos de mis entrevistados hablan de que hay la capacidad de ver ahí una maquinaria en la que tampoco tienen mucho lugar, pero son desechados más rápido.

> he visto algunos que dicen que venden y la neta se ven, así como muy pobres. No creo que les vaya bien, tendrían que ser alguien muy alto. Pero obviamente no van a llegar así a ser alguien muy grande, porque obvio, está el más grande y todos los que están cerca de él, después de que alguno ya no esté, pues entran otros; entonces, esos mientras más abajo estén, no tienen muchas posibilidades (Entrevista, JH-19, 2017).

En el siguiente testimonio, un jóven hace sus propias reflexiones sobre el narcotráfico en la sociedad.

> Casi a todos los que nos gustó el deporte salimos menos rancheros, yo siento que lo ranchero fue muy apegado a las familias. [...] También la narcocultura aquí marca mucho. Antes me acuerdo de que las canciones de banda, en 2012, eran canciones de amor o desamor, Germán Montero que era uno de los estaban pegando, ahorita desapareció, nunca cantó corridos. Y ya como que después de ahí empezó eso de las bandas un poco más agresivas, como

un poco más de generar violencia, porque yo me acuerdo que ya mi salón empezaron a hablar de narcos, de que ganaban mucho dinero, de que la coca, como que eso también llegó, como que de un de repente para acá, el ver a un narco: "¿es narco, es sicario?", ya lo veías como de ¡oh, Dios, tiene mucho dinero! [...] Empezaron a salir los corridos, a los hombres les pega, a las mujeres las apendeja, porque las mujeres tenían que estar buenas para que un narco se las chingara. Un narco tenía que estar matando gente, andar en una camioneta perra, porque así dicen, y es como algo tan tentador también que muchos quisieron sobresalir de esa manera, no muchos son narcos pero todos hablan del narco, amigos míos. Y lo hablan como si fueran gente cabrona e importante, no los ven como delincuentes, y así pasa... que tiene una camioneta, que se droga, que tiene viejas, que mató a tantos, que tiene muchas casas, ya se les hace como una vida ideal. Porque he escuchado hablar hasta morros que dicen que prefieren tener una vida de diez años de vacas gordas a una vida de perro de 50 años, algo así dicen. De que ya todos son amigos del Chapo, y que todo conocen y así [...] Aquí también pegó mucho eso, pues, porque aquí, te soy sincero, fácil de los de 30 años para atrás, cuando ven pasar esas camionetas que son narcotraficantes los ven con miedo y como idolatrados; hasta los de 40. Como que les pegó en el ego de los hombres, porque creyeron que eran más hombres, no sé si fue porque empezó la música de corridos y que empezaron a cantar, sus grandes artistas empezaron hablar de cabrones que mataban. Y a todos querían matar o tener viejas, es como una moda incluso hasta de ropas, para ellos es como una forma de publicidad. [...] Todos hablan del narco quisieran ser narcos o se sienten narcos. Todos. Mucho. No sé qué tenga que ver ahí, que muchas veces me cuesta pensar si es porque demasiada música de esa. Yo veo que la música marcó mucha tendencia, porque hablaba de cosas que cambiaron la música, de que si antes era muy romántico ahora la quiere subir a fuerza a la camioneta y violarla. Yo, si pegaba algo en mi época [2006], era de los cholos no los narcos. [...] También eso tuvo que ver con la pobreza, ¿no? Porque también empezaron a salir sus historias de que todo narco chingón fue pobre, y como vivimos en una sociedad donde hay más pobres que ricos. Entonces... Eres pobre y eres el elegido a ser un buen narco, y también como que eso pegó. Porque ¿has visto *El infierno*, la película? Beny era pobre y su hermano era pobre, el Cochiloco era pobre, todos eran pobres y te lo marcan, crecieron vaquerotes y con camionetas y viejas, entonces, siento que por ahí algo tuvo que ver. [...] Ponle que los memes tienen su lado chistoso, pero también tiene su lado verdadero, como uno que dice: "¿A quién le gusta la música de banda y los corridos?", y abajo: "a los mexicanos más pobres". Y

> sí, porque mucho narco es analfabeto, porque fueron también los valores que se les fueron inculcando por lo mismo de que vivieron en pobreza. O que no tenían otras oportunidades, y como es un camino fácil en el cual el narco se aprovecha de esto, porque van y recogen gente que está dispuesta a dar su vida solo por darle dinero a unos batos arriba de ellos (Entrevista, JH-25, 2017).

Por su parte, el discurso de este joven nos muestra el narcotráfico en sus diferentes caras, no solo la del consumo y la economía:

> el narcotráfico es una tecnología de poder que hace sexo-género. En efecto, es un negocio que produce ganancias multimillonarias, pero en cuyo corazón ideológico reposa una propuesta organizativa de las identidades/subjetividades de sexo-género de los hombres (y de las mujeres, aunque la situación de estas siempre sea secundaria y subordinada, en un esquema androcéntrico y heterosexista). El narcotráfico posee un brazo ideológico de género y sexualidad que se extiende hacia la industria cultural (Núñez y Espinoza, 2017).

Al cierre de mi trabajo de campo, en abril de 2019, se sabe que en la comunidad viven algunos jóvenes que pertenecen al Cártel Jalisco Nueva Generación y que son una especie de vigilantes de cierto orden que permite que la policía no esté tan presente en las comunidades. A este grupo de jóvenes les llaman Los niños. En las últimas semanas, la comunidad se queda muy "tranquila" a partir de las 11 de la noche, hay una especie de toque de queda no declarado, pues se rumora que Los niños están al pendiente de que no haya actividad en la noche, tienen al parecer controlados los robos menores, rondan las comunidades vecinas. Un adulto de la comunidad comenta que al ir de madrugada a revisar a una de sus borregas que había parido en la noche, fue acorralado por los jóvenes quienes le agredieron en voz fuerte y asumían que era un ladrón; se habla también de otros jóvenes que han sido interceptados por este grupo organizado; la razón es que hacen lo que normalmente hacían algunos jóvenes: andar a exceso de velocidad o con música estridente, incluso les llegan a pedir que cambien sus luces de las camionetas que resultan molestas; otra narración sobre otro joven de una comunidad cercana, de la cual muchos otros jóvenes fueron testigos, habla sobre una golpiza que le pusieron al joven por referirse, estando ebrio, de manera burlesca a Los niños, tras haber estado con una joven que también tiene relación con ellos. Las distintas versiones coinciden en que fue una terrible golpiza que pudo haber matado al joven, y que lo dejó muy herido y "casi le arrancaron una oreja". Estas narraciones tienen a la gente de la comunidad preocupada, pero a la vez repitiendo la idea de que hay que estar tranquilos porque si no te metes con ellos, ellos no se meten contigo. Lo anterior es muestra de cómo el narcotráfico es un dispositivo de vigilancia y control para los jóvenes y la comunidad, en general, a la vez que genera idealizaciones sobre el poder de los narcos en la escena local.

Hasta aquí termina el fragmento etnográfico de la tesis (Sánchez, 2020), donde se abordó el tema del narcotráfico a partir de las entrevistas a jóvenes y de la reflexión con la ayuda del montoncito de basura.

CONCLUSIONES

Aproximarse al narcotráfico es un asunto peligroso por las condiciones de violencia actual, sin embargo, recuperar el tema a partir del análisis de unas envolturas de droga encontradas a partir de una entrevista nos muestra que este acercamiento puede ser productivo en tanto que al explorar profundamente los sentidos se logra una comprensión profunda de varios aspectos relacionados con la condición juvenil rural y el narcotráfico.

Este enfoque propuesto es creativo en, ya que se permite hacer algunas interpretaciones por medio de objetos cotidianos desde los cuales aparentemente no hay mucho qué decir, y que al ponerse en interacción y tejerlos con palabras y otros sentidos nos dan una descripción más densa de cómo el narcotráfico está permeando en la vida cotidiana, y el reconocer que tiene una dimensión estructural, que está inminente relacionada con las vidas personales en la cotidianidad.

Para gran parte de las y los jóvenes en el campo el narcotráfico esta asumido como parte de la vida comunitaria y social: lo escuchan, lo ven, lo exploran o lo rechazan, pero de cualquier manera están en contacto. También se ha vuelto importante al considerar la Condición Juvenil Rural, la violencia generalizada en el país y su impacto en las zonas rurales, sobre todo por el involucramiento de las y los jóvenes en la violencia y la ahora llamada "narcocultura". Es del conocimiento general que una parte del estereotipo del narcotraficante es el ranchero que sobresale en una sociedad que le ha despreciado en algunos aspectos; pero, eso no es solo una imagen, responde a una dimensión estructural y territorial más compleja. El entramado de condiciones sociales, económicas y políticas se pueden ver a través de expresiones identitarias, o en los consumos, como en este caso de análisis de un montoncito de basura; pero van más allá, porque finalmente el narcotráfico es una expresión descarnada del Capital, y este ha hecho en los territorios lo que el Estado no puede hacer públicamente, sin embargo, se sirven mutuamente para una reordenación territorial adecuada al Capital, agudizando entonces el conflicto Capital-Vida (Pérez, 2014).

Referencias bibliográficas

Bernache, G. (2006). *Cuando la basura nos alcance: el impacto de la degradación ambiental.* México : CIESAS.

CCSPJP, C. C. (2015). *Jalisco: la amenaza del crimen organizado y las políticas públicas para conjurarla.* Recuperado el 10 de 01 de 2018, de http://www.seguridadjusticiaypaz.org.mx/

Durand, J. (2007). El programa bracero(1942-1964). Un balance crítico. *Migración y Desarrollo,* 27-43.

Escobar, A. (2007). *La invención del tercer mundo. Construcción y deconstrucción del desarrollo.* Caracas: El perro y la rana.

Fernández Christlieb, P. (1994). *La psicología colectiva un fin de siglo más tarde.* Barcelona: Anthropos.

Fernández, P. (1994). Psicología Social, intersubjetividad y psicología colectiva. En M. Montero, *Construcción y crítica de la psicología social.* Barcelona: Anthropos.

García, O. (15 de 12 de 2015). Cuando el precio del maíz cae, la producción de drogas aumenta. *Horizontal.* Recuperado el 20 de enero de 2018, de https://horizontal.mx/cuando-el-precio-del-maiz-cae-la-produccion-de-drogas-aumenta/

González, A. (2017). Etnoarqueología, arqueología etnográfica y cultura material. *Complutum*, 267-283.

Guber, R. (2001). *La etnografía, método, campo y reflexividad.* Bogotá: Grupo Editorial Norma.

Hodder, I. (1994). The interpretation of documents and Material Culture. En D. &. Lincon, *Handbook Of Qualitative research.*

JEN, J. A. (2014). *Acusación general. Audiencia transtemática: Destrucción de la juventud y las generaciones futuras en México por el libre comercio.* Ciudad de México: Tribunal Permamente de los Pueblos.

Núñez, G., & Espinoza, C. (2017). El narcotráfico como dispositivo de poder sexo-genérico: crimen organizado, masculinidad y teoría queer. *Estudios de Género de El Colegio de México*, , 90-128.

Obando, A. F. (1998). *Arqueología de la basura.* Tesis de Maestría en Arqueología, Escuela Nacional de Antropología e Historia, México.

Pérez, A. (2014). *Subversión Feminista de la economía.Aportes para un debate sobre el conflicto capital-vida.* Madrid: Traficántes de sueños.

Pichardo, B. (2006). La revolución verde en México. *Agraria*(4), 46 -68.

Restrepo, E. (2016). *Etnografía: alcances, técnicas y éticas.* Bogotá: 2016.

Rodrigues, T., & Caiuby, B. (2019). México y el narcoanálisis: una genealogía de las políticas de drogas en los gobiernos Calderón y Peña Nieto. *Colombia Internacional*, 39-65.

Rodríguez, D. (2021). *"Aquí el único grupo de poder que controla es Nueva Generación": trayectorias y control territorial del Cártel Jalisco, 2006-2018.* La Piedad: Tesis de maestría. Colmich.

Ruiz, J. (2003). *Metodología de la investigación cualitativa.* . Bilbao: Universidad de Deusto.

Torres, G. (2003). *Civilización, ruralidad y ambiente.* México: Universidad Autonoma de Chapingo/Plaza y Valdés.

Tribunal Permanente de los Pueblos- Capítulo México. (2016). *Juicio al Estado mexicano por la violencia estructural causada por el libre comercio. Audiencia Final del Capítulo México del Tribunal Permanente de los Pueblos: libre comercio, violencia, impunidad y derechos de los pueblos.* Ciudad de México: Itaca.

Capítulo 6

Violencias por razón de género

HILDA BEATRIZ SALMERÓN GARCÍA[1]

Resumen

En este artículo se analizan conceptos clave para entender la violencia que comete el Estado al no garantizar la seguridad de niñas, mujeres y activistas violentadas, quienes se encuentran muy cerca de la víctima y de la impunidad. Para ello se revisan aproximaciones teóricas y conceptuales en torno a los derechos humanos, el contrato social y la ciudadanía.

Se examina la situación de violencia en contra de activistas que dan seguimiento a casos de feminicidios en seis estados del país donde se ha declarado el mecanismo de Alerta de Violencia de Género en Contra de las Mujeres y las Niñas.

INTRODUCCIÓN

A partir de varios acuerdos y tratados internacionales, el Estado mexicano ha generado y modificado leyes en materia de violencia de género; sin embargo, aún está lejos de alcanzar los objetivos en torno a prevenir, atender, sancionar y reparar el daño que ocasiona la violencia hacia las mujeres y las niñas. Como se muestra en los resultados de las entrevistas que se presentan en este texto, el caso de los feminicidios es claro ejemplo de esto. El Estado ha jugado un papel importante al utilizar la violencia como método para inducir miedo en la población, bajar la moral, principalmente durante el periodo de la pandemia COVID-19.

---

1 Docente en la Facultad de Filosofía y Letras, UNAM. Correo: hilda.salmeron@gmail.com

Frente al contexto de violencia machista en México, las activistas que la enfrentan se han visto amenazadas e incluso agredidas por su labor. Un ejemplo de ello es la experiencia de la abogada feminista y defensora de las mujeres Yesica Sánchez Maya, quien en su intervención durante la Primera Mesa del Seminario "Violencia, Feminicidios y Activismo frente al COVID" reportó que una de las organizaciones en que participa tuvo una amenaza de feminicidio en junio de 2020, mientras que en el país hubo tres asesinatos de mujeres defensoras al inicio de la pandemia.

Respecto a esta situación, el Observatorio Ciudadano Nacional del Feminicidio (OCNF, 2008) ha señalado como una de sus causas "la inexistencia de una legislación y [de] políticas integrales, eficaces y expeditas que prevengan la violencia de género y [que] garanticen la seguridad para las mujeres" (p. 112), por lo que propone la creación de "mecanismos jurídicos integrales y expeditos que esclarezcan (entre otros crímenes en razón de género) los asesinatos dolosos de mujeres" (OCNF, 2008, p. 112), evitando a toda costa desprestigiar los indicios y criminalizar a las víctimas, ambas prácticas que previamente han obstaculizado el acceso a la justicia. También esta organización, ha instaurado Alertas de Violencia de Género, pese a la negativa del Estado, lo cual se desarrollará más adelante.

También se presenta un análisis de la situación de violencia que viven jóvenes y mujeres activistas y defensoras de los derechos humanos que, precisamente, luchan en contra de estas violencias. Se aborda el concepto de ciudadanía y la posibilidad de acceso a la justicia. Se habla de interseccionalidad, porque es evidente que la justicia no se aplica con equidad, y esto depende del origen étnico y de las condiciones económicas, políticas y sociales de las víctimas.

En el sistema de Naciones Unidas, el concepto de organización no gubernamental (ONG) se ha definido de forma bastante genérica: toda organización sin ánimo de lucro que no sea gubernamental ni intergubernamental.

En cambio, el término de organización de la sociedad civil (OSC) es más amplio; contempla el ámbito en que los ciudadanos y los movimientos sociales se organizan en torno a determinados objetivos, grupos de personas o temas de interés. En las organizaciones de la sociedad civil tienen cabida tanto las ONG como las organizaciones populares -formales o informales- y otras categorías, como los medios de comunicación, las autoridades locales, los hombres de negocio y el mundo de la investigación.

Entonces, conceptualmente el término OSC, ONG y tercer sector puede usarse como sinónimo entendiendo que son organizaciones que trabajan para fines públicos, autónomas y actúan sin fines de lucro. Hay diversas razones para la existencia de las organizaciones: el mercado no puede atender a todos los sectores de la población. El Estado tiene limitaciones para garantizar el bienestar social. La sociedad civil debe ser partícipe de las estrategias para su propio desarrollo social. Así, las OSC dan voz a la sociedad y se convierten en medios para la defensa de derechos que de otra forma serían ignorados, lo cual es señal de violencia estructural.

METODOLOGÍA

Este artículo se realiza en el marco del proyecto PAPIIT 302021 titulado Violencia, feminicidio y estrategias desde la resiliencia en México ante el COVID-19, que fue financiado por la Dirección General de Asuntos del Personal Académico (DGAPA) de la Universidad Nacional Autónoma de México (UNAM)[2].

---

[2] Este proyecto fue coordinado por la Dra. Iliana del Rocío Padilla Reyes de la ENES Juriquilla y por el Dr. Medardo Tapia Uribe, del Centro Regional de Investigaciones Multidisciplinarias CRIM UNAM. Contó con la colaboración de la autora, así como alumnas de la Universidad Autónoma de Querétaro.

El proyecto tuvo como objetivo analizar las estrategias, desde la resiliencia, que implementan las organizaciones de la sociedad civil y colectivos locales en México, que trabajan en la incidencia, observación, defensa y acompañamiento en el tema de violencia de pareja y feminicidios en dos momentos de crisis para las instituciones mexicanas: la crisis de seguridad en el marco de la llamada guerra contra el narcotráfico y la crisis sanitaria y de riesgo para las mujeres por el confinamiento para prevenir la propagación del virus SAR-CoV-2 y enfrentar la pandemia global (Padilla, 2020). Para lograr lo anterior, el equipo que colaboramos en el proyecto realizamos entrevistas con activistas de organismos no gubernamentales.

Como parte de las actividades, se realizó el seminario "Violencia, Feminicidios y Activismo frente al COVID", a través de ENES Juriquilla, el CRIM de la UNAM y la organización "Justicia, Derechos Humanos y Género A.C.". Sobre los resultados de estas mesas se reflexiona lo siguiente:

Mesa	Fecha	Lugar	Participantes	Moderador/a
Feminicidios en tiempos de pandemia. Reflexiones desde el activismo	Mesa 23 de abril	Sala Webex, transmisión en vivo en la página de la ENES Juriquilla	Martha Figueroa Mier / Colectivo de Mujeres Libres COLEM (Chiapas), Alejandra Cartagena López / CLADEM (Jalisco), Yesica Sánchez Maya / Consorcio Oaxaca (Oaxaca), Mtra. Irma Alma Ochoa Treviño / Arthemisas por la equidad AC (Monterrey, Nuevo León).	Rodolfo Domínguez Márquez, Justicia, Derechos Humanos y Género A.C.

Feminicidios en tiempos de pandemia. Diálogo entre defensoras de los derechos humanos.	Mesa 27 mayo de 2021	Sala Webex UNAM, sitios de Facebook de instituciones organizadoras	Lucero Circe López Riofrío/ Humanas sin violencia AC, (Michoacán), Ángeles López García / Centro de Derechos Humanos Victoria Diez (Los Castillos, Guanajuato), Patricia Bedolla Zamora/ Defensores de los Derechos Humanos OCNP (Morelos).	Haydee Mora Amezcua Grupos en derechos humanos, UAQ.
Desaparición forzada y búsqueda de mujeres en tiempos de pandemia.	Mesa 20 junio, 2021	Sala Webex UNAM, sitios de Facebook de instituciones organizadoras	María Isabel Cruz Bernal /Sabuesos Guerreras (Sinaloa), Norma Ledezma Ortega / Justicia para Nuestras Hijas (Chihuahua), Luciana Jaeli/ Madres en búsqueda Coatzacoalcos (Veracruz), Nora Lira/ Rastreadoras de Ciudad Obregón (Sonora). Dulce María Vallejo Castillo / Justicia Tamaulipas A.C., Angélica Rodríguez Monroy/ Regresando a casa Morelos AC.	Ximena Ugarte Trangay, Instituto mexicano de Derechos Humanos y Género A.C.

DISCUSIÓN TEÓRICA: CIUDADANÍA Y DERECHOS DE LOS JÓVENES

Aunque el término de ciudadanía deriva de un estado de derecho, los actuales Estados Nación, al generarse como la idea de homogeneidad ilustrada, dejan fuera a muchos ciudadanos como los que pertenecen a pueblos originarios, quienes se rigen por sus propias leyes derivadas de los usos y costumbres y que muchas veces sus integrantes ni siquiera hablan el idioma oficial del país. Esto trae como consecuencia que no todos los habitantes son ciudadanos en un estado de derecho, menos si este se ve resquebrajado por fenómenos como el narco o el COVID-19, que ponen en estado de excepción a la población y donde las violencias se recrudecen.

El feminicidio y el activismo de quienes buscan justicia pone de manifiesto lo anterior, como se intenta demostrar en este artículo. Para ello se escrudiña en los términos de ciudadanía y derechos, que se entrecruzan con la llamada racionalidad patriarcal.

Encontramos las ideas de los derechos humanos hasta el siglo XIX, igual que los feminismos, pues en la antigüedad occidental prevaleció la democracia esclavista, donde solo los hombres eran considerados como ciudadanos griegos, quienes podían ejercer sus derechos e incidir en la política, siendo las mujeres y los esclavos parte de sus propiedades. En Roma, la situación también era desfavorable para el género femenino, pues la base de la sociedad era el *pater familias*, y durante la Edad Media no estaba permitido que todos los hombres accedieran al conocimiento, mucho menos las mujeres, quienes habían sido previamente excluidas del aprendizaje y la generación de ideas.

Durante la Ilustración aparecen pensadores como Rousseau (1972), Hobbes (1558) y Montesquieu (1689), quienes hablan del problema del contrato social y de cómo la sociedad corrompe al individuo, permitiéndose amplias omisiones sobre la inclusión de las mujeres dentro de esta problemática. Condorcet escribió respecto al sufragio y la ciudadanía femeninos en *Lettres d'un bourgeois* de New Haven à un citoyen de Virginie (1787) y en *Sur l'Admission des femmes au droit de cité* (1790), pero fue Olympe de Gouges (1748-1793) quien observó y consignó el papel femenino ilustrado en su *Déclaration des droits de la femme* (1791), lo que la llevó a la guillotina en 1793. Casi al mismo tiempo, en 1792, la filósofa inglesa Mary Wollstonecraft publicó su libro *Vindication of the Rights of Woman,* donde se esfuerza por mostrar que las características que se consideran femeninas por naturaleza no son sino una imposición de la sociedad. Las mujeres, nos dice Wollstonecraft (aludiendo a aquellas de las clases privilegiadas), carentes de la educación formal que se da a los varones, son educadas por institutrices con el único propósito de que aprendan a servir a un hombre, y no para aprender a ser libres y responsables. Por su parte, Marie de Gournay (1565-1645) había escrito *Égalité des hommes et des femmes* (1622) como una apología de la vida de la doncella de Gournay. Esta obra es anterior a *El Leviatán* de Hobbes (1651). Cabe mencionar que ella nunca se casó, pues consideraba la institución del matrimonio como un lastre para continuar adquiriendo conocimientos (Serret, 2008, 17).

Posteriormente, Virginia Bolten (1870-1976), sindicalista, feminista y anarquista argentina, se opuso a las ideas del contrato social, ya que no creía en las capacidades de una autoridad para mantener a la población a salvo, mucho menos a las mujeres, puesto que no eran consideradas como ciudadanas. El lema que mejor retrata al diario anarquista donde escribía en contra del Estado era "Ni dios, ni patrón, ni marido" (Prieto, 2013, p. 214).

La ciudadanía que se manifiesta a partir de tres dimensiones diferenciadas: civil, política y social, también se asocia con la existencia de las condiciones que implican cierto nivel de bienestar económico y social. Es preciso recordar que las sociedades democráticas no pueden funcionar si sus integrantes no gozan de libertades y de igualdad. Por ello, los derechos civiles y políticos que tienen las personas fueron complementados con una serie de derechos económicos y sociales que les permiten alcanzar un mayor bienestar entre los que destacan el derecho al trabajo, a la seguridad social, a la salud, a la educación o a un nivel de vida adecuado, entre otros. De acuerdo con Lois y

Alonso (2016), quienes parafreasean a Marshall (1998), la ciudadanía se adquiere:

> Primero, por pertenecer a una comunidad que es fuente de identidad colectiva (nacional). Segundo, por la capacidad que los seres humanos poseen de ser agentes participantes y decisorios en las instituciones políticas. Tercero, porque supone cierto estatus legal. Las tres dimensiones, que se presentan interrelacionadas entre sí en el mundo real, han sido destacadas como claves por diferentes corrientes filosóficas como el comunitarismo, el republicanismo y el liberalismo (p. 61).

El pacto social implica que el individuo se someta a ciertas reglas del Estado a cambio de seguridad, libertad y protección, lo cual no sucede con el descuido, la protección y la defensa de las violencias de género que se consideran violencias políticas del Estado. Los derechos humanos surgen en 1945 a partir de la Segunda Guerra Mundial, y se supone que ya se habla de la 4.ª Generación cuando en algunos países ni siquiera se ha garantizado el derecho a la vida, como sucede en México y muchas otras partes de América Latina.

La impunidad es una señal de un estado de derecho débil frente a la delincuencia organizada que gobierna en muchas regiones; también refleja que los gobiernos estatales y municipales no tienen instituciones eficaces que hagan frente a las injusticias y, de esta manera, las comunidades se convierten en presas del dominio de grupos criminales. Esto genera desaparición forzada, violencia de género y violación de todos los derechos humanos de los integrantes de las comunidades abandonadas. Por lo tanto, la sociedad civil y los afectados directos son quienes se movilizan ante la pasividad del Estado. Los jóvenes son recluidos para trabajar con ellos y las mujeres tienen el doble papel en las guerrillas como cocineras, prostitutas y combatientes; siempre con la doble moral que caracterizan a la prostitución en el régimen patriarcal.

RACIONALIDAD PATRIARCAL: DISCUSIONES EN TORNO AL DERECHO

Para Amorós (1985), la Modernidad y su Ilustración sostienen una racionalidad netamente patriarcal; sin embargo, las ideas del proyecto ilustrado dieron lugar al feminismo, deconstruyendo las valoraciones para algunos sujetos, buscando el sentido ontológico y ético de lo que denomina la filosofía feminista. Es decir, invita a realizar, a la manera de Nietzsche, una deconstrucción de la razón patriarcal.

Al analizar los feminicidios ocurridos en Ciudad Juárez, Chihuahua, la autora señala que se trata de crímenes que rompen el contrato social y sexual de la modernidad, para expresar una lógica premoderna y estamental, en el sentido de crímenes de carácter libertino-mafioso. Rastrea, en *Salomón no es un sabio* (2014) la decisión salomónica, a partir de la cual se deslegitima la palabra de las mujeres, donde el genérico masculino se instituye como monopolizador de la legitimación de la vida. Además de ir apuntalando esta racionalidad a través de otros autores, como Aristóteles, Agustín, Kant, señala que la dicotomía patriarcal naturaleza-cultura se significa, pues el para-sí se constituye por arrancamiento del en-sí y el en-sí se tiñe eo ipso de feminización.

Respecto a la primera proposición el género comprende cuatro elementos interrelacionados entre sí: simbólico (representaciones múltiples y a veces contradictorias, por ejemplo las figuras de Eva y María); normativo (expresa interpretaciones de los símbolos basados en doctrinas religiosas, educativas, científicas, legales y políticas que afirman categóricamente el significado de varón y mujer, masculino y femenino); institucional (referido a la familia, relaciones de parentesco, mercado de trabajo, educación, política) y subjetivo (referido a la construcción de las identidades). En cuanto a la segunda proposición, la autora afirma que "el género constituye el campo primario dentro del cual o por medio del cual se articula el poder. No es el género el único campo, pero parece haber sido una forma persistente".

Brevemente descrito, el género se refiere a las características sociales que asumen los individuos y es un punto clave para observar las desigualdades sociales entre hombres y mujeres, pues aunque hay partidarios de creer que esto se da por naturaleza o biología, al contrastar las ideologías patriarcales, se cae el argumento relativo a lo natural. Asimismo, el género es atravesado por relaciones de diferencia y jerarquía tales como etnia, clase y sexualidad (Wappenstein y Villamediana, 2015).

En lo que concierne a las estrategias de equidad, no discriminación e igualdad de oportunidades, a las políticas de acción positiva o afirmativa, transversales o género sensitivas, es oportuno mencionar que estas no son medidas infalibles, además de que han sido recurrentemente simuladas, sin ser realmente llevadas a cabo. Sus fallas se muestran en el manejo de la pobreza, las posesiones y bienes que las mujeres pueden adquirir, ya que la práctica sigue siendo inequitativa, desigual y patriarcal al no estar sensibilizada respecto a las violencias emocional, psicológica y económica ni a sus repercusiones en los ámbitos económico, productivo y social. En otros términos, hombres y mujeres no tienen los mismos derechos y deberes.

Sin embargo, los hombres tampoco se escapan de la violencia, sobre todo en la juventud, pues enfrentan rituales violentos como drogarse, robar, violar. Quien no lo haga pasa por cobarde y los hombres tampoco son iguales; siempre hay competencia sobre quien es más masculino en la acepción misándrica del término, ya que no todos son iguales en estatus, etnia, religión, poder adquisitivo, escolar, ni todos tienen familias integradas. Así, los jóvenes normalizan la violencia y, además, la incorporan como parte de la masculinidad.

La violencia tiene que ver con el rol, lugar y momento que ocupen las personas. Aquí se puede hablar del papel de las formas violentas de la identidad masculina hegemónica, sobre todo en la adolescencia y juventud, donde asumen actividades de alto riesgo, como cometer robos, enrolarse en bandas o participar en actividades del crimen organizado. Pueden dar origen a expresiones de violencia social en el tejido comunitario (por tierras, aguas, o espacios considerados valiosos).

También son factores potenciadores de la violencia social, por ejemplo la vigencia o arraigo en las comunidades de intolerancia ante la diversidad étnica, racial, sexual y religiosa.

La venta de mujeres —fenómeno que sucede, entre muchas razones, porque las mujeres no pueden ser propietarias de la tierra, sino que pasan de ser hijas a pertenencia del marido que la compró— es todavía un fenómeno común en sociedades campesinas, indígenas y afro con sus diversas modalidades.

Por supuesto que los más condenados son los jóvenes con orientaciones sexuales diversas LGBTIQ+, pues hay centros de tortura que ejercen prácticas violentas contra ellos, y por mucho tiempo se les consideró enfermos, y ni hablar de las lesbianas, a quienes se las castiga con mayor rigor.

García Prince (1996) refiere al término *ginopía* para significar la ceguera a lo femenino o imposibilidad de aceptar la existencia autónoma de personas del sexo femenino, y de ahí se acuña el término lenguaje *ginope* para hacer referencia a un código de comunicación que es ciego a lo femenino o que oculta a la mujer. Por su parte, Torres Falcón (2004), estudiosa de contextos urbanos y rurales, señala varios problemas que obstaculizan las acciones en contra de la violencia patriarcal.

> El primero de ellos es la relación que existe entre la violencia, el poder y la voluntad. La voluntad es el elemento central del ejercicio del poder y también de la violencia. El otro aspecto que conviene subrayar es el de la desigualdad social. La conformación del Estado y el derecho modernos se sustenta en la exclusión de las mujeres no sólo de la construcción teórica relativa al pacto originario de la soberanía, sino también de su constitución como sujetos autónomos. Esa exclusión implica la negación de su voluntad y, por tanto, la imposibilidad de que se les considere sujetos de derecho.

El sexo y el género conviven, además del contexto, con otras categorías que pueden profundizar y agravar los efectos de la violencia. Por ello, debe tomarse en cuenta el elemento de interseccionalidad; es decir, si se trata de mujeres embarazadas, con discapacidad, transexuales o transgénero, indígenas, adultas mayores, etcétera. El ejercicio de los derechos político-electorales de las mujeres se "complica" cuando, por ejemplo, se trata de mujeres indígenas, que no hablan español y que pertenecen a una religión minoritaria; o cuando se trata de personas transexuales que, incluso, pueden no contar con un documento oficial de identidad. Para Facio (2000), en tanto las formas jurídicas no se transformen, seguirán cometiéndose infracciones hacia los sujetos de derecho que aún no alcanzan esa categoría, como las minorías. En sus palabras, la autora subraya que una teoría crítica del Derecho debe pretender un cambio radical de perspectiva respecto de las teorías tradicionales en la observación del fenómeno jurídico. Debe vincular el Derecho con los procesos históricos-sociales en permanente transformación (p. 19).

De acuerdo con Facio (2005), se trata de develar la naturaleza androcéntrica para visibilizar las relaciones de poder ocultas en ellas. Deben articularse diversas teorías sociales que vinculen escenarios y actores reales, eso sin mencionar que, dentro de las teorías jurídicas, son a los hombres a quienes se les valora y reconoce como autoridades en lo material. Hay que cuestionar al sujeto de Derecho que es hombre, adulto adinerado, heterosexual y perteneciente a la raza, etnia, clase y religión dominantes de cada cultura. Dicho de otra forma, no existe una ciudadanía plena para las mujeres, a pesar de la mayoría de edad, de los movimientos, los feminismos o las denuncias. Esto es así porque ni las leyes ni las personas pueden ser tan objetivas como se pretende. Si no tienen enfoque de género, no entenderán las violaciones, feminicidios o bajas pensiones. Evidentemente, el derecho, como toda disciplina humanista, susceptible de interpretación, encubre muy bien la disparidad que puede haber en las sentencias, en la lectura de los casos y en la reparación del daño.

En la actualidad, en ciertos pueblos originarios, la tierra pertenece a los hombres. La mujer, vista como un objeto de apropiación, pasa del padre al esposo. En México y en el mundo, continúa la venta de mujeres, el trueque por animales y la ablación, entre otras prácticas dañinas para la salud física y mental de las niñas-jóvenes.

Fraser (2008) no solo ha variado el mapa de los derechos, sino también los criterios con los cuales habrá de moverse la balanza para la impartición de justicia. Por ello, es preciso que el Estado y todos sus operadores políticos y jurídicos comiencen a contribuir activamente para la implementación de políticas que sean primero de reconocimiento y luego de distribución del poder. Quizás, como señala Butler (2006), ha llegado la hora de cesar de legislar para todas las vidas lo que es habitable solo para algunos, y de forma similar, abstenerse de proscribir para todas las vidas lo que es invivible para algunos (p. 23).

En síntesis, así como el derecho puede ser un instrumento de dominación, también puede convertirse en una herramienta de cambio social. Esto implica entender que el derecho y los derechos humanos pueden contribuir estratégicamente a la construcción de sociedades equitativas, siempre que se preste atención en descifrar y evidenciar los mecanismos y las relaciones de poder ímplícitos en estas (Halperin, 1995, p. 51). Una ciudadanía plena exige equidad y justicia.

Pero cuando hay impunidad, esta se vuelve un mecanismo que apoya, justifica y normaliza la violencia. Además, las víctimas, hombres o mujeres denunciantes quedan doblemente acusados; primero porque violaron sus derechos y después porque los culpabilizan y se ríen de su dolorosa narración, lo cual violenta a los individuos nuevamente.

Lang (2003) considera que, si bien la justicia y los derechos de los jóvenes han llegado lenta y paulatinamente a la hora de ejecutarlos, la situación se hace mucho más compleja, pues es necesario que las mujeres intervengan de forma activa. Para Santiago Guzmán (2017) la agenda política y, en particular, la legislativa de las latinoamericanas, se propone satisfacer los reclamos de los movimientos de jóvenes y feministas en la historia de los últimos siglos, que hoy son parte de acuerdos internacionales suscritos por nuestros gobiernos o en espera de serlo, como la previamente mencionada Convención sobre la Eliminación de Todas las Formas de Discriminación contra la Mujer (CEDAW). Dicha agenda implica la inclusión de las mujeres y niñas en el contrato social y en el pacto político del Estado en condiciones de paridad, así como la reforma del estatal desde la perspectiva de la democracia genérica y una transformación del modelo o de la vía a un desarrollo con equidad y bienestar para las mujeres.

Lamentablemente, basándose en su amplia experiencia en la cámara y en la política, Lagarde (2005) señala la inexistencia de voluntad gubernamental y política para resolver las violencias de género, en particular el feminicidio:

> El término violencia estructural remite a la existencia de un conflicto entre dos o más grupos de una sociedad (normalmente caracterizados en términos de género, etnia, clase, nacionalidad, edad u otros) en el que el reparto, acceso o posibilidad de uso de los recursos es resuelto sistemáticamente a favor de alguna de las partes y en perjuicio de las demás, debido a los mecanismos de estratificación social. La utilidad del término violencia estructural radica en el reconocimiento de la existencia de conflicto en el uso de los recursos materiales y sociales y, como tal, es útil para entender y relacionarlo con manifestaciones de violencia directa (cuando alguno de los grupos quiere cambiar o reforzar su posición en la situación conflictiva por la vía de la fuerza) o de violencia cultural (legitimizaciones de las otras dos formas de violencia, como, por ejemplo, el racismo, sexismo, clasismo o eurocentrismo) (La Parra, Tortosa, 2003, p. 60).

VIOLENCIAS, LEYES Y DERECHOS HUMANOS: UNA CUENTA PENDIENTE

Las violencias son una expresión del ejercicio y control del poder múltiple que se manifiesta en diferentes espacios sociales, desde lo privado hasta lo público; además, son un conjunto de acciones y omisiones que pueden o no ser intencionales y constantes y, generalmente, van en aumento día a día.

Si tomamos la definición de violencia de Valdez Santiago (2004), las violencias abarcan todas las etapas del ciclo de vida y van desde el embarazo forzado, el infanticidio femenino, el acceso diferencial a la alimentación y a la educación, el abuso sexual infantil por miembros de la familia o extraños, el comercio sexual, la pederastia, la desaparición de niños para la comercialización de órganos, la mutilación genital, la violación, el maltrato por parte de la pareja y el acoso sexual en el trabajo, al igual que las violencias médicas, las relativas al embarazo y parto (obstétricas), la trata, la venta de niñas, la violencia en escuelas y en redes sociales. El reclutamiento de jóvenes por el narcotráfico, obligarlos a matar a su familia o amigos para obtener valor. Dentro de este espectro también se pueden mencionar la criminalización de las activistas, de las defensoras del medio ambiente o de derechos humanos, de las periodistas y de las madres con hijos con discapacidad[3], así como de las personas trans u otros grupos pertenecientes a la comunidad LGBTQ.

Estas violencias, además, se ven agravadas por otros tipos de dominación (político, económico, simbólico, religioso, etcétera). El hecho de que el Estado deje impunes los delitos ocasiona que la violencia hacia las mujeres se considere aceptable o normal, reforzando las relaciones de género y reproduciendo desigualdades además de reproducir la violencia estructural, ya señalada.

La Ley General de Acceso de las Mujeres a una Vida Libre de Violencia (LGAMVLV) fue publicada, en 2007, y actualizada el 1 de junio de 2021. Entre sus antecedentes legales e internacionales se cita a la Convención sobre la eliminación de todas las formas de violencia (CEDAW, 1974), Belem do Pará (1994) y el Cairo (1943). Con este precedente, el Estado mexicano se

---

[3] El agregado es nuestro.

ve obligado a incorporar cuestiones de género para pertenecer a la Organización para el Apoyo y Desarrollo Económicos (OCDE) o al Banco Mundial.

Durante los años en que se hizo oficial la Ley General de Acceso a una Vida Libre de Violencia LGAMVLV (en un periodo entre el 2007 y el 2022) se realizaron armonizaciones y adaptaciones a las leyes aplicadas en los estados, al igual que modificaciones al Código Civil y al Código Penal, debido a las denuncias realizadas, tanto por los activistas como por las víctimas.

La LGAMVLV, citada previamente, define esta última como cualquier acción u omisión que debido a género cause daño o sufrimiento psicológico, físico, patrimonial, económico, sexual o la muerte a las mujeres, tanto en el ámbito privado como en el público. Esta ley realiza una distinción entre violencia psicológica, violencia física, violencia patrimonial, violencia económica, violencia sexual, y cualesquiera otras formas análogas que lesionen o sean susceptibles de dañar la dignidad, integridad o libertad de las mujeres. Igualmente, señala la violencia laboral o docente, incluyendo el hostigamiento y el acoso. Además, a la lista mencionada agrega la violencia digital, la mediática y la violencia feminicida, así como la violencia política en razón de género. Por lo tanto y como respuesta a la situación de vulnerabilidad en que se encuentran los jóvenes, en el marco de la LGAMVLV las entidades federativas se comprometen a establecer políticas públicas que garanticen el derecho de las mujeres y niñas a una vida libre de violencia en sus relaciones laborales y/o de docencia. Fortalecer el marco penal y civil para asegurar la sanción a quienes hostigan y acosan. Promover y difundir en la sociedad que el hostigamiento y el acoso sexuales son delitos.

Respecto a la violencia feminicida, el artículo 26 de esta misma Ley General señala que el Estado mexicano deberá resarcir el daño conforme a los parámetros establecidos en el Derecho Internacional de los Derechos Humanos y considerar como reparación:

I. El derecho a la justicia pronta, expedita e imparcial.

II. La rehabilitación: se debe garantizar la prestación de servicios jurídicos, médicos y psicológicos especializados y gratuitos para la recuperación de las víctimas directas o indirectas.

III. La satisfacción: se deben aplicar medidas que busquen una reparación orientada a la prevención de violaciones (LGAMVLV, 2007:6).

En efecto, ha habido avances en torno a las leyes, pues han sido incorporadas cuestiones novedosas emanadas de las tecnologías y las redes sociales. Un ejemplo de ello ocurrió con la Ley Ingrid, cuando el 3 de septiembre de 2019, la diputada del PAN, Patricia Báez Guerrero, presentó la primera iniciativa para reforzar el artículo 299 del Código Penal. Asimismo, Ernestina Godoy Ramos, fiscal de la PGJ de la Ciudad de México presentó otra iniciativa, 10 días después, para adicionar el artículo 293 al Código Penal: la Ley Ingrid, adicional a la Ley Olimpia, que consiste en reformas legislativas del Código Penal y la LGAMVLV, dentro de las que se incluye a la Violencia Digital como delito. Esta acción se basa en la difusión, reproducción, exhibición, comercialización e intercambio de contenido sexual (Sun, 2021).

Si bien ha habido avances en torno a la legislación sobre los derechos de las mujeres y las niñas, estas han sido promovidas por mujeres y activistas como sucede con la Alerta de Violencia de Género (AVG). Es un mecanismo de acción gubernamental de emergencia que tiene como fin enfrentar y erradicar la violencia feminicida en un territorio determinado. Surge de la LGAMVLV, artículo 33, intervienen instituciones gubernamentales como INMUJERES. y la Secretaría de Gobernación mediante la Comisión Nacional para prevenir y Erradicar la Violencia contra las Mujeres (CONAVIM).

Resaltan las expresiones extremas de violencia de género, conformadas por conductas machistas y misóginas, presentes en los ámbitos público y privado, donde prevalece la impunidad estatal y la indiferencia social y puede culminar en la muerte violenta de niñas y mujeres.

Para el Observatorio, la AVG debe argumentar la violación a los derechos humanos de niñas y mujeres, si la solicitud se presenta en el marco del agravio comparado (derechos humanos y discriminación) se constatan a partir de la inobservancia o incumplimiento de alguna de las cuatro obligaciones estatales a saber: obligación de respeto, obligación de protección, obligación de promoción, obligación de garantía. Emanadas del 3er. Párrafo del artículo 1°. de la Constitución política de los Estados Unidos Mexicanos.

Los elementos esenciales de los derechos humanos son: disponibilidad, accesibilidad, (que comprende no discriminación, accesibilidad física, accesibilidad económica) calidad y aceptabilidad. La AVG es un mecanismo novedoso para hacer frente a las violaciones de los derechos humanos de las mujeres, como son la violencia feminicida y la discriminación en la propia ley. La declaratoria de AVG se sustenta como la combinación de instrumentos de derechos humanos de las mujeres, en específico; la jurisprudencia nacional e internacional que en materia de derechos humanos de las mujeres se ha emitido; y las interpretaciones, opiniones consultivas y desarrolladas realizados por los órganos encargados de interpretar en última instancia los tratados, lo que en conjunto, debe conformar el corpus iuris o el parámetro de control que debe regular las Alertas de violencia de género.

En la práctica, se entiende la AVG como un mecanismo de protección correctivo urgente, que implica identificar graves fallas que impiden la atención, prevención, sanción y erradicación de la violencia contra las mujeres. Sin embargo, los gobiernos estatales y federal la han considerado como una medida amenazante a su gestión, y no como el conjunto de acciones que ayudarán a garantizar el acceso a una vida libre de violencia. De 2007 hasta 2013, cuando se reforma el reglamento de la

LGAMVLV, se presenta el primer amparo contra de la negativa de iniciar la investigación de la AVG en el Estado de México en 2011, luego Nuevo León en 2012 y Chiapas en 2013.

Para el observatorio, el grupo de trabajo carece de objetividad al estar integrado por instancias federales y una local, donde el voto de calidad corresponde al coordinador del grupo, esto es, a Inmujeres. Hay un número desproporcionado de integrantes representantes del Estado. Lo cual es grave, ya que arriba observamos que es quien genera la violencia estructural.

Debe instalarse unidad de análisis y contexto para la investigación de delitos vinculados a feminicidios y homicidios dolosos y desapariciones de niñas y mujeres. Proponer metodología de investigación que superen el análisis tradicional del caso individual para arribar a una comprensión macro-contextual del hecho delictivo. Contribuir a partir de los informes de análisis del contexto que realiza, que son presentados y defendidos en juicio, al fortalecimiento del acceso a la justicia, el derecho de las mujeres a una vida libre de violencia y la búsqueda de verdad, justicia y reparación.

Cuentan en el Estado de México con 21 células de búsqueda capacitadas que actúan inmediatamente, sin tener que esperar las 72 horas habituales. Creación del grupo especializado para la atención e investigación de asuntos de alto impacto relacionados con muertes violentas de mujeres y niñas.

PROCESO DE ADMISIÓN DE LA SOLICITUD DE ALERTA DE VIOLENCIA DE GÉNERO EN CONTRA DE LAS MUJERES

Respecto al proceso de admisión de la solicitud de la Alerta de Violencia de Género en Contra de las Mujeres, la Secretaría Ejecutiva INMUJERES, revisa la solicitud y observa que cumpla con los requisitos señalados en el artículo 33 (LGAMVLV, 2022: 18); si la solicitud no tiene requisitos, la CONAVIM, por medio de la Secretaría Ejecutiva, por una sola vez, prevendrá al solicitante para que subsane la omisión en cinco días hábiles de recibida la notificación. Si transcurre el plazo sin que se desahogue la prevención, se desecha el trámite. Si se cumplen los requisitos, la CONAVIM, en coordinación con la Secretaría Ejecutiva debe resolver sobre la admisión de la solicitud en un plazo de tres días hábiles.

La conformación del grupo de trabajo estará encargada del análisis y del estudio del contexto de la violencia feminicida o agravio comparado en un territorio determinado, estará conformado por una persona representante de INMUJERES, una representante de CONAVIM, una representante de la Comisión Nacional de los Derechos Humanos (CNDH). Dos personas representantes de una institución académica o de investigación de carácter nacional especializada en violencia contra las mujeres y una persona representante del Mecanismo para el Adelanto de las mujeres de la entidad que se trate. Las decisiones se toman por mayoría, en caso de empate, la coordinadora tendrá el voto de calidad. Las posiciones minoritarias deberán constar en un apartado para conocimiento del público interesado.

El artículo 36 bis del Reglamento de la LGAMVLV (2022:26) prevé que el grupo de trabajo en un plazo no mayor a tres días naturales posteriores a que se reúnan por primera vez y se analice la posibilidad de solicitar a la Secretaría de Gobernación, por conducto de la CONAVIM, la implementación de medidas provisionales de seguridad y justicia necesaria, a fin de evitar que se continúen presentando actos de violencia en contra de las mujeres.

A su vez, la Comisión Mexicana de Defensa y Promoción de los Derechos Humanos, A.C. (CMDPDH) es una organización civil, secular, autónoma e independiente fundada en 1989 que junto con el Observatorio Ciudadano Nacional del Feminicidio (OCNF) presenta la solicitud de Declaratoria de Alerta de Género. De las 32 entidades federativas que conforman el territorio nacional, para septiembre de 2021 eran 23 estados quienes la tenían y, en dos ocasiones se dio en Xalapa, donde muchas feministas y activistas han sido amenazadas de muerte.

A pesar de los grandes avances en leyes, de su modificación y armonización, la LGAMVLV ha sido insuficiente para enfrentar la pandemia y el narcotráfico. En cambio, generaron más trabajo y riesgos a las activistas quienes sufren mayores restricciones, ya que los sistemas de justicia se encontraban cerrados, disminuyeron los presupuestos y algunas cayeron enfermas de COVID-19. Son los familiares de las víctimas quienes con sus propios recursos mueven pesquisas, revisan dictámenes, se enfrentan a los feminicidas de sus hijos o hijas y a las omisiones y corrupciones en la justicia mexicana.

RESULTADOS Y ANÁLISIS. FEMINICIDIO Y ACTIVISMO EN MÉXICO

El informe "La violencia feminicida en México: aproximaciones y tendencias", emitido en 2020 por la Entidad de las Naciones Unidas para la Igualdad de Género (ONU-Mujeres), el Instituto Nacional de las Mujeres (INMUJERES) y la Secretaría de Gobernación (SEGOB), a través de la Comisión Nacional para Prevenir y Erradicar la Violencia contra las Mujeres (CONAVIM), señala que esta es una de las violaciones a derechos humanos más reiterada, recurrente y extendida en los ámbitos público y privado, mediante la que se discrimina a las víctimas, perjudicando su salud, su libertad y su vida, así como minando el ejercicio de sus derechos fundamentales, entre ellos la ciudadanía.

Por su parte, la Ley General de Acceso de las Mujeres a una Vida Libre de Violencia (LGAMVLV, 2022) considera que la violencia feminicida se compone por un conjunto de conductas misóginas que, cometidas dentro de un contexto de impunidad, culminan en formas de muerte violenta legitimadas por la ineficiencia del Estado, que a través de sus omisiones niega el derecho a la vida, la integridad y la libertad de las mujeres (ONU-Mujeres, INMUJERES, SEGOB Y CONAVIM, 2020).

La propuesta está en pensar las violencias como un mal ejercicio del poder construido social, cultural y políticamente y, desde una perspectiva de género, como una forma de mantener el autoritarismo masculino e institucional que refuerza las normas patriarcales con el control y la opresión, generada por la violencia estructural, esto es, el Estado.

También hay que denunciar la violencia que sufren las activistas al intentar encontrar a sus hijas desaparecidas o al pedir justicia por las asesinadas o al defender a niñas violadas, tal y como lo han mencionado Yesica Sánchez Maya y María Isabel Cruz Bernal en las mesas de diálogo referidas en la introducción del presente artículo.

El Estado-nación, motivado por su concepción moderna, pretende aglutinar en un territorio a los diferentes pueblos que componen su totalidad geográfica con la idea de consolidar un Estado de derecho, donde todos los individuos encuentren protección y resguardo a sus derechos o garantías individuales, como el derecho a la vida, el ser sujetos de derecho, la libertad y la paz. Sin embargo, el feminismo, el activismo y las investigaciones sobre los avances respecto a las convenciones celebradas mundialmente para evidenciar la violencia de género hacia mujeres y niñas señalan pocos progresos en materia de políticas públicas que cumplan con la protección estatal de las ciudadanas, tales como la prevención, la atención, la sanción y la reparación. La situación se agudiza cuando hablamos de poblaciones rurales, indígenas y afromexicanas en situaciones de pobreza y marginalidad, con pocas capacidades de encontrar un empleo digno debido a la nula o baja escolaridad de las mujeres pertenecientes a alguna etnia no dominante.

En este sentido, la racionalidad liberal moderna no tiene cabida para todos los seres humanos, ya que no agota las diversas identidades, racionalidades o —en términos zapatistas— los diversos mundos posibles. Ello obedece a pensamientos colonizados y colonizadores. Un ejemplo de ello es que la lucha feminista por la no violencia, por la garantía de los derechos, no se preserva en el sistema jurídico mexicano. Muchas veces se acude a instancias y organismos internacionales para lograr la justicia aquí mismo, en zonas urbanas, con personas que tienen la disposición económica para lograrlo. Si no la consiguen, madres o hermanas se encuentran llenas de digna rabia buscando a sus desaparecidas, porque estuvieron en el lugar equivocado (Entrevista, 2021).

La violación y violencia familiar se ubican en rojo desde el mes de febrero y tienen incrementos importantes en el año, de 31 y 20 %, respectivamente. Los estados con las tasas más altas en violación son Chihuahua, Quintana Roo, Durango, Baja California Sur y Querétaro. Los estados con tasas más elevadas en violencia familiar son Chihuahua, Durango, Colima, Coahuila y la Ciudad de México. La mayor parte de las violaciones se dan en casa por parientes cercanos, y las víctimas son menores de edad. Al cierre de agosto, el feminicidio rompió récord con 104 casos y 107 víctimas, la cifra histórica más alta y un incremento de 8% en el año. El feminicidio suele ser un caso extremo de violencia familiar, por lo que no es de extrañarse su incremento, ya que la violencia familiar ha subido en todo el país de manera significativa (Dávila, 2021).

Si a ello se le suman recortes presupuestales como los realizados en este sexenio, evidentemente se pone de manifiesto la falta de interés de un representante del Estado. El recorte presupuestal hace más vulnerables a las mujeres en situación de violencia, así como a las defensoras, quienes tienen que sortear dificultades ante la disminución de apoyos que, incluso antes de su disminución eran insuficientes y carentes de sistematización. Al respecto, en la Primera Mesa del Seminario "Violencia, Feminicidios y Activismo frente al COVID", la abogada feminista Alejandra Maritza Cartagena López menciona que hay un presupuesto etiquetado y transparente. Yesica Sánchez Maya recalcó que: "El 53% de su presupuesto de la Secretaría General del gobierno de Oaxaca [...] supuestamente está destinado a cuestiones de equidad de género, y cuando se solicita información, no hay para ninguno de los rubros, por ello debe vigilarse el presupuesto y su transparencia". (Entrevista, Mesa 23 de abril).

Decisiones como el recorte presupuestal o la falta de sistematización de este, afectan las acciones en favor de la seguridad e integridad de las mujeres y, constituyen elecciones erradas, pues si se quiere derrocar la corrupción, el derroche y generar un estado de paz, será difícil lograrlo al ignorar y vulnerar a más de la mitad de la población (*El Universal*, 2021).

De acuerdo con la Ley General de Víctimas y la Declaración de Naciones Unidas sobre los Principios Fundamentales de Justicia para las Víctimas de Delitos y del Abuso de Poder hay víctimas directas, víctimas indirectas y potenciales.

Cuando el Estado mexicano no soluciona el problema de las víctimas, estas se vuelven doblemente víctimas, pues el Estado es juez y parte. Ir con organismos internacionales supone mayor costo en tiempo, dinero y esfuerzo. Además, tampoco es posible que las instituciones se movilicen a partir de marchas, de recomendaciones de otros organismos, de ver a la gente indignada y organizada. Tienen que solucionarlo antes, lo cual no constituye la norma de nuestro país.

CONCLUSIÓN

Este artículo se incursiona en los elementos del derecho para ser ciudadano y se concluye que, las mujeres y muchos jóvenes no obtienen tal calidad, lo cual queda demostrado con el aumento de los feminicidios en el país y los testimonios de las activistas que relatan las violencias que viven por parte del Estado. La ciudadanía, que se manifiesta a partir de tres dimensiones diferenciadas: civil, política y social, también se asocia con la existencia de las condiciones, que implican cierto nivel de bienestar económico y social. Esto es inexistente para muchas mujeres jóvenes asesinadas en el país, donde los crímenes han quedado impunes.

En este artículo se argumenta que ni el derecho ni el Estado son neutros, dado que obedecen a una racionalidad patriarcal, igual que quienes imparten justicia desde la heteronomía androcéntrica y misógina, perpetuando la concepción de las mujeres como no ciudadanas. Por ello, consideramos importante que el Estado imparta justicia, clara y expedita, que apoye a su población, que incorpore programas para la modificación de las actitudes misóginas de las personas que imparten justicia, y que los casos sean tratados con perspectiva de género, sobre todo cuando se trata de un feminicidio o la situación pone en desventaja a la mujer, principalmente a las pertenecientes a grupos minoritarios, pero sobre todo el Estado mantiene la violencia estructural.

El feminicidio, resultado de una violencia extrema, nos sirve para observar la ineficiencia de la impartición de justicia expedita. Es de todos conocido que los logros del movimiento feminista, como la Alerta de Violencia de Género contra las Mujeres, no son bien recibidos por los gobernadores. No obstante, las autoridades deben impartir justicia y resarcir el daño, además de incorporar la perspectiva de género, cuestión a la que el Estado mexicano hace muchos años se comprometió, tanto con leyes internas como en acuerdos internacionales. Igualmente, sobre la materia relativa al derecho penal y civil, aún hay mucho por corregir. No basta con armonizar las leyes existentes, también se requiere generar nuevas que respondan a las necesidades de las diversas interseccionales con perspectiva de género, que den cuenta de la sujeción de individuos y de identidades y alteridades preexistentes como para ponerlas en duda y replantearlas a la luz del derecho y de las políticas públicas a fin de considerar todas las violencias contra las jóvenes. Mientras lo anterior no exista, seguirán padeciendo una violencia de Estado. En este sentido, si el derecho no se usa de forma crítica, como señala Facio (2000), el derecho quedará en mera ideología.

Referencias Bibliográficas

Amorós, Celia, (1985) *Hacia una crítica de la razón patriarcal,* Barcelona, Anthropos.

Butler, Judith, (2006). *Deshacer el género,* Barcelona, Paidós.

Dávila, Patricia. (2021). "México, con récord histórico de feminicidios en agosto: Semáforo Delictivo". *Proceso.* Miércoles 29 de septiembre. https://www.proceso.com.mx/nacional/2021/9/29/mexico-con-record-historico-de-feminicidios-en-agosto-semaforo-delictivo-272969.html

El Universal, 2021 4T se dice feminista pero quita 11 programas para mujeres. https://www.eluniversal.com.mx/nacion/4t-se-dice-feminista-pero-quita-11-programas-para-mujeres.

Facio, Alda y Lorena Fries. (1999). *Género y derecho. La morada. Corporación de desarrollo de la mujer.* Santiago de Chile. http://fundacionjyg.org/wp-content/uploads/2018/05/Genero-y-Derecho.pdf

Facio, Alda y Lorena Fries. (2005). "Feminismo, género y patriarcado". *Academia. Revista sobre Enseñanza del Derecho de Buenos Aires.* Año, número 6, primavera, ISSN 1667-4154, pags. 259-294

Facio, Alda. (2000). "Hacia otra teoría crítica del derecho", en Gioconda Herrera (coordinadora). *Las fisuras del patriarcado, reflexiones sobre feminismo y derecho.* Flacso. Ecuador.

García Prince, Evangelina. (1996) "Igualdad de género y desarrollo humano sostenible. Aportes para la discusión". Primera edición INIM, Managua.

Halperin, David. (1995). *The Queer Politics of Michel Foucault, en Saint Foucault: Towards a Gay Hagiography,* New York, Oxford University Press.

INMUJERES. (2021). Desigualdad en cifras (Año 7, Boletín 3). http://cedoc.inmujeres.gob.mx/documentos_download/BA7N03%20Para%20Publicar%20con%20vo%20bo.pdf

La Parra, Daniel; Tortosa, José María. (2003). *Violencia estructural: una ilustración del concepto.* GEPYD, Grupo de Estudios de Paz y Desarrollo, Documentación Social No. 131. Ejemplar dedicado a Violencia y Sociedad. Pp. 57-72. Universidad de Alicante

Lagarde y de los Ríos, Marcela (2005). "Feminicidio, delito contra la humanidad en Feminicidio, justicia y derecho, en Paiz Cárcamo, Mirna (2017)". *Mujeres intelectuales feminismos y liberación en América Latina y el Caribe.* Madres de Plaza de Mayo, Alejandra de Santiago Guzmán, Edith Caballero Borja, Gabriela González Ortuño. CLACSO. https://www.jstor.org/stable/j.ctv253f4j3.22

Lang, Miriam. "¿Todo el poder? (2003). Políticas públicas, violencia de género y feminismo en México". *Iberoamericana,* diciembre, nueva época, Año 3, no. 12 dic. Pp. 69.90

Lois González, Marta Irene y Alba Alonso (coords). (2014). *Ciencia política con perspectiva de género.* Akal, D.L. Madrid.

Marshall, T. H. y Bottomore, T. (1998). *Ciudadanía y clase social,* Madrid, Alianza

Morales Alfonso, Liudmila y Lizeth Pérez Cárdenas. 2021. "Violencia política contra las mujeres en México y Ecuador (2016-2019)". *Revistas Usblog.edu* Colombia Internacional 107; pp. 113-137. https://doi.org/10.7440/colombiaint107.2021.0

Observatorio Ciudadano Nacional de Feminicidio OCNF. (2008). "Una mirada al Feminicidio en México 2007-2008". https://92eab0f58dd4485da54fb06fa499694d.filesusr.com/ugd/ba8440_7f0f7db2392a49a2845f7e0d1723fcbb.pdf

Observatorio Ciudadano. "El peregrinar para acceder a la Justicia en México: Irinea Buendía en el Foro Generación Igualdad". Ciudad de México a 28 de marzo de 2021. https://www.observatoriofeminicidiomexico.org/post/el-peregrinar-para-acceder-a-la-justicia-en-m%C3%A9xico-irinea-buend%C3%ADa-en-el-foro-generaci%C3%B3n-igualdad

ONU-Mujeres, INMUJERES, SEGOB Y CONAVIM. (2020). La violencia feminicida en México: Aproximaciones y tendencias. https://mexico.unwomen.org/es/digiteca/publicaciones/2020-nuevo/diciembre-2020/violencia-feminicida#view

"Políticas públicas y planes nacionales de violencia contra las mujeres en América Latina y el Caribe". *Revista Estudios de Políticas Públicas.* ISSN 0719-6296 (Online)Publisher Universidad de Chile. Chile. Vol 4, no. 2 pp. 110-127

Prieto, Agustina; Fernández Cordero, Laura; Muñoz, Pascual (2013). "Biografías anarquistas. Tras los pasos de Virginia Bolten". *Políticas de la Memoria.* Buenos Aires Verano 2013/2014 (14): 207-234

Rawls, J (1993). *Political Liberalism.* Columbia University Press, New York

Reyes, J. (2007). *La Idea de la Moderniadad y la Construcción del Estado Nación en México: Cambio, Crisis y Utopías en un Siglo en Tránsito. Del Reformismo Borbón al Constitucionalismo Republicano* (Tesis doctoral). Universidad Nacional Autónoma de México, México.

Salgado, Judith. (2006). "Género y derechos humanos". *FORO Revista de Derecho,* No. 5, UASB-Ecuador ICEN Quito.

Santiago Guzmán, Alejandra de Edith Caballero Borja, Gabriela González Ortuño. "Mujeres intelectuales. Feminismos y liberación en América Latina y el Caribe". CLACSO. (2017) https://www.jstor.org/stable/j.ctv253f4j3.22

Serret, Estela. (2011). "Sexo, género feminismo". Suprema Corte de Justicia de la Nación, DF

Sun. (2021). Ley Ingrid: aprueban cárcel por difundir imágenes de víctimas de delitos en CDMX. El Informador. Mx. 23 de febrero https://www.informador.mx/mexico/Ley-Ingrid-Aprueban-carcel-por-difundir-imagenes-de-victimas-de-delitos-en-CDMX-20210223-0101.html

Torres Falcón, Marta (compiladora) (2004). *Violencia contra las mujeres en contextos urbanos y rurales.* El Colegio de México

Valdez Santiago, Rosario. (2004). "Del silencio privado a las agendas públicas: el devenir de la lucha contra la violencia doméstica en México en Violencia contra las mujeres en contextos urbanos y rurales" Marta Torres Falcón. El Colegio de Mexico. https://www.jstor.org/stable/j.ctv513792.16

Leyes y Acuerdos

Convención Interamericana para prevenir, sancionar y erradicar la violencia contra la mujer, (Convención de Belem do Para). 14 de agosto de 1995.

Código Civil para el Distrito Federal, 26 de mayo de 1928

Código Penal Para el Distrito Federal, Publicado en la gaceta Oficial del Distrito Federal el 16 de julio de 2002

Comisión Nacional para Prevenir y Erradicar la Violencia contra las Mujeres (CONAVIM).

Manual de procedimientos de la Conavim.

Constitución Política de los Estados Unidos Mexicanos. Constitución publicada en el Diario Oficial de la Federación el 5 de febrero de 1917 TEXTO VIGENTE Última reforma publicada DOF 28-05-2021. https://www.diputados.gob.mx/LeyesBiblio/pdf/CPEUM.pdf

Convención sobre la Eliminación de Todas las Formas de Discriminación contra la Mujer (CEDAW). (1981). New York.

Conferencia Internacional sobre Población y el Desarrollo (El Cairo) 5 al 13 de septiembre de 1994.

Ley General de Acceso de las Mujeres a una Vida Libre de Violencia Nueva Ley (LGAMVLV) publicada en el Diario Oficial de la Federación el 1 de febrero de 2007 TEXTO VIGENTE Última reforma publicada DOF 01-06-2021. https://www.diputados.gob.mx/LeyesBiblio/pdf/LGAMVLV_010621.pdf

Capítulo 7

Juventudes en un contexto necropolítico. Un análisis contemporáneo del sector Familias en Acción, Tumaco

JOSÉ MARIO SUÁREZ MARTÍNEZ
KARINA ALEXANDRA GÓMEZ GARRIDO
BEIRON PALACIOS VIDAL

Resumen

El presente artículo es producto de un análisis documental de corte fundamentalmente sociológico acompañado de un ejercicio de acción participativa empírica con jóvenes y lideresas del sector Familias en Acción perteneciente al barrio Nuevo Milenio, San Andrés Tumaco. Esta investigación revela los siguientes hallazgos a) en lugares como Familias en Acción, existen niveles de vulneración estructural en clave de desigualdad con un profundo marcador étnico-racial los cuales tienen una estrecha relación con el conflicto armado colombiano; b) en este sector existe una fuerte presencia de necropolítica ejercida por sujetos endriagos (guerrilleros y narcotraficantes) con una estructura definida, la cual, coloca a los jóvenes en una situación de riesgo, llevándolos incluso a su integración diferenciada por género y, c) a pesar de los espacios de riesgo y la inoperancia tanto del proceso de paz como de las fuerzas militares, existen agenciamientos sociales que realizan los jóvenes para evitar participar directa o indirectamente en actividades ilícitas.

Palabras clave: tumaco, necropolítica, jóvenes, violencia.

INTRODUCCIÓN

A la luz de la producción social y espacial de los distintos tipos de conflicto armado en algunos países de América Latina, es importante indagar en las violencias[1] que persisten en países como Colombia y México. Una de las formas para rastrear estas violencias es a través de las personas o grupos armados que las ejercen o sobre las personas o grupos sobre los que recaen.

En Colombia, los grupos contemporáneos más relevantes pueden ser sintetizados en: paramilitares (Águilas Negras), las Bandas Criminales (BACRIM) y las disidencias de las Fuerzas Armadas Revolucionarias de Colombia-Ejército del Pueblo (FARC-EP). Entre las poblaciones afectadas por estos grupos se destacan algunos sujetos colectivos de especial protección como lo son las comunidades campesinas[2], las comunidades indígenas y, ciertos grupos afrodescendientes, grupos medulares de esta investigación.

La población afrodescendiente, negra o mulata, como es identificada por los censos nacionales estadísticos de este país, se encuentra dispersa a lo largo de todo el territorio nacional. En términos de densidad población, los lugares con mayor presencia regional son el suroccidente colombiano siendo la región del pacífico el territorio con mayor concentración porcentual de esta población. A diferencia de México, país federalista compuesto por estados, Colombia cuenta con una administración centralista subdividida en departamentos. Entre las unidades subnacionales que componen esta región se encuentran departamentos como el Chocó y municipios como

---

1 La violencia política puede definirse en un país como Colombia como "aquellos hechos que configuran atentados contra la vida, la integridad y la libertad personal producidos por abuso de autoridad de agentes del Estado, los originados en motivaciones políticas, los derivados de la discriminación hacia personas socialmente marginada, o los causados por el conflicto armado interno" Comisión Colombiana de Jurísticas, 2007 citada en (Cancimance, 2013, pág. 14). Esta definición centra la atención en el Estado a partir de la configuración histórica del país y su extrema relación con el conflicto armado.

2 Se incluye a la población campesina partiendo de su estrecha vinculación con el territorio y los elementos culturales e identitarios que lo rodean.

San Andrés Tumaco en el departamento de Nariño. Estas dos unidades subnacionales históricamente han sido una referencia académica, civil y política debido a los elevados niveles de violencia intrínsecamente asociados al narcotráfico transnacional, el tráfico de armas y personas, los elevados niveles de pobreza multidimensional (Efren, 2001), y la persistencia de un cierto racismo de estado que opera desde el abandono institucional (Iranzo & Luouidor 2018). La relación entre el territorio y las violencias existentes en su seno espacial con una característica política pueden concebirse como geografías de terror (Oslender, 2018).

En lugares como Chocó y Tumaco se han documentado innumerables casos de violencia cotidiana, homicida y estructural en la que los jóvenes, personas entre los 18 y los 29 años[3], son aquellos que se configuran como objeto y sujeto de las prácticas de guerra.

Estas violencias no agotan su definición en la división territorial de las regiones o de los municipios. Inclusive en los barrios que conforman los municipios y en los sectores[4] que conforman los barrios, es posible encontrar niveles aún más profundos de violencia. Además, aunado al componente etario, en estas unidades subnacionales, existe una dimensión de interseccionalidad en las que algunos sujetos (sujetas) tienen experiencias de violencia específicas en función de su género.

Con base este marco de referencia, la pregunta de investigación del presente artículo es ¿Cuáles son las estructruras y prácticas de violencia dirigidas contra las juventudes afrocolombianas en la zona de Familias en Acción?, ciñendo esta pregunta al marco teórico de interés, la necropolítica, nos preguntamos

---

3 Siguiendo la definición técnica de Naciones Unidas

4 En la división política se reconoce de mayor a menor, el país, el departamento, el municipio y los barrios. El sector o zona es una subdivisión del barrio.

¿cuáles son sus características? En lo específico nos preguntamos, ¿cómo responden las juventudes negras a estas violencias?

Para responder a estas preguntas de investigación, en el presente documento se construyen cuatro apartados. En principio una introducción a la perspectiva analítica, así como los aspectos metodológicos y las consideraciones éticas. En segundo lugar, se aborda un mínimo análisis histórico y contextual del conflicto armado en Colombia, en lo general, y de Tumaco, en lo particular. En un tercer momento, se describe una breve caracterización del sector y los hallazgos cualitativos obtenidos con los jóvenes y las lideresas entrevistadas. A modo de cierre, se presentan algunas conclusiones generales derivadas del marco teórico de interés.

DISCUSIÓN ANALÍTICA Y TEÓRICA

La Región Pacífico, como otras regiones periféricas de Colombia, puede ser caracterizada como una geografía de pobreza demográficamente habitada por sujetos étnicamente identificados. Este territorio ha estado condenado por décadas a la marginalidad y al abandono estatal. En lo que a dispositivos de gubernamentalidad y control territorial es posible hallar testimonios que sostienen que el territorio está bajo el control de agentes sicariales que se sostienen mediante actividades ilícitas, el monopolio de la violencia y el poder de dar vida o muerte a la población (Parra, 2019).

Bajo las dinámicas del sistema económico capitalista, estos elementos le dan vida a una economía de la muerte amparada en prácticas, que inician con la cosificación del cuerpo humano. Estos agentes ilegales sustituyen al Estado e imponen un nuevo orden social en donde los cuerpos, particularmente los racializados y jóvenes, son un instrumento político, de guerra y mercantil. Estos cuerpos son susceptibles de ser desechados contribuyendo a la aniquilación de la integridad física y moral de las poblaciones.

Es preciso mencionar, que morir no solo hace alusión a dejar de existir, las formas de precarización de la población también se pueden entender como formas de dejar morir de forma silenciosa y simbólica tal y como ocurre con la muerte política (Foucault, 2001). La ruptura del tejido social, la omisión de la atención para personas que participan directa e indirecta en el consumo de sustancias nocivas y el desamparo, son también prácticas de terror donde el ejercicio de la soberanía reside en el poder y la capacidad de decidir quién puede vivir y quién debe morir.

Las ideas anteriores han sido abordadas fundamentalmente por Achile Mbembe (2011) con una fuerte influencia de Michel Foucault. Para él, el espacio físico donde el ejercicio del poder se reduce al uso de la violencia, y al derecho a decidir sobre la vida de una comunidad racializada es la necropolítica. La necropolítica es entonces una política utilizada como instrumento que designa a la población o comunidad que debe ser eliminada en beneficio de intereses específicos. Para el correcto funcionamiento de este tipo de política en el territorio, es necesaria la instauración del necro-poder, es decir, la implementación de los ejercicios de muerte (Estévez, 2018).

Además, los factores mencionados no actúan de forma independiente ni aislada, cada uno de ellos se encuentra interconectado. Es decir, esta dinámica de deshumanización de la vida tiene que ver con las condiciones particulares de pobreza para así convertirse en una economía de la muerte como una forma de insertarse a las dinámicas de un sistema económico tal y como plantea Sayak Valencia (2012).

En estas geografías ilegales, la violencia se ha constituido como un instrumento para garantizar rentabilidad económica. Como afirma Estévez (2013), siguiendo las ideas de Mbembe y Valencia, la cosificación es propia del sistema capitalista que caracteriza las relaciones de producción de países periféricos. Aquí, el cuerpo se convierte en una de las tantas mercancías susceptibles de ser desechadas. Esta relación ilegal mercantil racializada resulta trascendente porque da cuenta de una combinación entre necropolítica y una búsqueda incansable por la inserción a las dinámicas del sistema de producción capitalista mediante el narcotráfico tal y como ocurre en la frontera entre Colombia y Ecuador.

Si bien estas perspectivas analíticas han puesto en relieve el entendimiento de la socialmente construida raza, desde los ejercicios de muerte, vale la pena avanzar en la articulación conceptual tanto del grupo etario, juventud, como de la diferenciación de las prácticas por género.

Frente a este complejo panorama, es preciso cuestionarse, ¿por qué son estas poblaciones históricamente marginadas y racializadas las que cargan con el peso de la guerra? Y, en virtud de los testimonios de los jóvenes entrevistados ¿por qué son ellos quienes deben asumir dicha responsabilidad de víctima/victimario?

Aunque dos de los autores hemos avanzado en una investigación sobre las múltiples violencias en un contexto atenuado en las crisis globales como lo es la pandemia derivada del SARS-CoV-2 (Suárez & Gómez, 2021), es importante aterrizar estudios de caso con grupos etarios de urgente atención.

DESCRIPCIÓN METODOLÓGICA Y CONSIDERACIONES ÉTICAS.

En lo metodológico, la presente investigación reconoce dos elementos definidos. Un análisis documental de las investigaciones contemporáneas de corte fundamentalmente sociológico sobre violencia en San Andrés, Tumaco, primando los aportes conceptuales sobre violencia, raza y clase. En segundo lugar, un análisis cualitativo mediante el método de acción participativa y la realización de cinco entrevistas semiestructuradas con jóvenes entre los 19 y 29 años y las entrevistas con tres lideresas comunitarias, todas y todos pertenecientes al sector

Familias en Acción en el barrio Nuevo Milenio. La selección de las y los informantes se realizó con base en las relaciones interpersonales de Beiron Palacios y Karina Gómez, autores y actores clave en el territorio. Tanto Beiron como Karina operaron como fuentes de información complementaria para la caracterización de la zona y algunas precisiones desde su experiencia. Todas las personas manifestaron su interés y consentimiento para participar en la investigación.

Los ejes sobre los que se desarrollaron las entrevistas fueron a) su experiencia cotidiana en relaciones directas o indirectas de violencia, b) la identificación que hacen del contexto y la estructura de los grupos al margen de la ley en el territorio y, c) la percepción de las y los informantes sobre el proceso de paz. Específicamente con las lideresas se buscó profundizar en los proyectos políticos y la perspectiva amplia sobre algunos aspectos estructurales como la paradoja ausencia-presencia del Estado: ausencia desde lo institucional y presencia desde el aparato militar.

Es preciso mencionar que esta investigación es el producto de un trabajo comunitario importante en un contexto de conflicto latente, razón por la cual, se anticipa el carácter anónimo de las y los informantes en aras de resguardar su seguridad. También se aclara el número reducido de entrevistas debido al miedo que la socialización del tema generó en algunos jóvenes. Para las lideresas, no solo mantenemos su carácter anónimo y resguardamos su información personal, también reconocemos su labor en un contexto de violencia. Finalmente, para garantizar la seguridad de los autores, optamos por anonimizar el nombre de los grupos o de los presuntos sujetos endriagos señalados en las entrevistas.

También anticipamos que, al momento de comenzar esta investigación, los autores y la autora no contemplábamos la importancia que cobraba la diferenciación por género para la multiplicación de los riesgos en las juventudes. Buscábamos más bien dimensionar la violencia estructural y cotidiana en un escenario postconflicto bajo una lectura necropolítica. No obstante, en el desarrollo de la caracterización del área y la recolección de los testimonios, se reveló esta importancia como hallazgo descriptivo de la violencia, así como evidencia empírica de una cierta voluntad de las mujeres quienes mostraron un mayor interés por participar en la investigación. Por esta razón, en la parte de hallazgos se discutirán de forma descriptiva algunos elementos de la teoría sobre violencias y masculinidades sin profundizar en la densidad empírica, conceptual y teórica que las ha acompañado.

CONTEXTO DEL CONFLICTO ARMADO EN LA TUMACO: SEDIMENTACIÓN DE LA VIOLENCIA EN LA PERLA DEL PACÍFICO

En los últimos años, en Colombia se han desarrollado importantes investigaciones en el marco del conflicto armado,[5] algunas centran su atención en la tipificación de los grupos armados, así como en las dinámicas históricas y regionales que los han transformado como grupos estatales o paraestatales (Ruano, 2019). Otras que proponen mirar el conflicto como un proceso inacabado y central para entender la sociedad contemporánea colombiana en clave de paz (Zuluaga, 2013). Señalamos las que priman el despojo y el desplazamiento con la participación como ausencia u omisión del Estado (Serje, 2017); destacan otras que ponen énfasis en las movilidades humanas como consecuencia de la guerra y el narcotráfico (Olaya, 2019). Por último, las de corte regional que puntualizan los efectos del conflicto en un área específica y las consecuen-

---

[5] El conflicto armado es definido como "la inestabilidad de los escenarios político, social, militar y económico de un determinado Estado que se encuentra en una pugna permanente con un actor armado ilegal que pretender reemplazarlo en el ejercicio legítimo de poder" (Arboleda, 2013, pág. 52)

cias sociales que de ella se derivan (Díaz, Sánchez, & uprimny, 2009). Estas últimas operaron como insumo para el informe ¡Basta Ya! Colombia: memorias de guerra y dignidad construido por el Centro de Memoria Histórica. Este informe muestra las transformaciones del conflicto armado a lo largo del territorio nacional y algunos factores que han contribuido a su continuidad.

Las transformaciones históricas asociadas al conflicto armado inician con la expansión territorial y el crecimiento militar de las guerrillas, lo cual tuvo como respuesta el surgimiento del paramilitarismo; seguido de la aparición del narcotráfico como fuente de financiación. Estos hechos propiciaron el recrudecimiento del conflicto con resultados catastróficos para el Estado colombiano que se vieron reflejados en la pérdida de control territorial, especialmente, en zonas donde su presencia era ineficiente o inexistente. En este contexto aparecieron violaciones de los derechos humanos por parte de las fuerzas militares, con los llamados falsos positivos[6] a través de la implementación de la política de seguridad democrática del expresidente Álvaro Uribe Vélez.

Después de largas tensiones y más de cincuenta años de guerra, llegó una nueva propuesta de paz con la reelección del expresidente Juan Manuel Santos, en 2013, lo cual, culminaría con la firma de los acuerdos de paz en el año 2016. Esta firma dio paso al nombrado marco del posconflicto que perdura hasta el presente (2021). A partir de allí, la producción discursiva de la paz ha venido acompañada, entre muchos otros elementos, de una serie de políticas de memoria, acuerdos, desarme y nueva ciudadanía (Peña, 2019). En los últimos años, estas políticas han brindado una especial atención, por lo menos discursiva, a las

---

[6] Los llamados falsos positivos es el nombre que la prensa colombiana bautizó al ejercicio de desaparición de jóvenes a manos del Ejército, haciéndolos pasar como participantes del Conflicto Armado entre los años 2002-2008.

comunidades étnico-diferenciales que han sufrido de forma directa y continua la guerra en sus territorios (Iza, 2018). Indígenas y afrodescendientes pertenecientes a resguardos indígenas y consejos comunitarios, ambos territorios colectivos, situados en geografías de interés para las economías legales e ilegales, se convirtieron en el objetivo principal de intimidación, despojo e, incluso, en la carne de cañón para el engrosamiento de las filas criminales.

Entre los lugares en los que se reconocen las coordenadas anteriormente mencionadas se encuentra San Andrés Tumaco. En este municipio, la multiplicación de los paramilitares comenzó a finales de la década de los noventa fundamentalmente para el manejo de la droga en la costa pacífica; estos actores provocaron la eliminación del liderazgo étnico territorial (Ramírez & Yuri, 2010).

En el año 2000, el municipio comenzó a convertirse en uno de los lugares más emblemáticos del conflicto, debido a la lucha por el control del territorio por la cadena productiva del narcotráfico (cultivo, producción y rutas de distribución) entre la guerrilla de las Fuerzas Armadas Revolucionarias de Colombia (FARC) y los grupos paramilitares (FIP; USAID; OIM, 2014). Tal fue el impacto que nueve años más tarde, en 2009, apareció el plan renacer de la guerrilla de las FARC. Este plan generó una nueva ola de violencia entre este grupo y las bandas criminales, como los Rastrojos y las Águilas Negras, que surgieron de un proceso de desmovilización paramilitar fallido (Redacción Verdad Abierta, 2009). Contrario a lo esperado, su repliegue generó innumerables amenazas y extorsiones al interior del municipio (Escobedo & Palacios, 2009).

A partir del año 2013, las FARC operaron de forma explícita y focalizada, ejerciendo un control completo del territorio que iba desde la cadena de producción y distribución de la coca, hasta la instauración de un nuevo orden social ejercido a través del monopolio de la violencia (Defensoría del Pueblo, 2018). Además, se instauraron dispositivos de control disciplinario de las personas que entraban y salían de la zona, es decir, ¿quién entraba al barrio?, ¿a qué? y ¿quién salía? y ¿por qué? De forma paralela, surgía el fenómeno de los Duros o Niches Pandas,[7] cuyos nexos con las disidencias de las FARC les permitieron exportar ilegalmente grandes cantidades cocaína mediante lanchas rápidas y sema sumergibles, generando cierta reactivación económica de la región (Castrillón, 2007).

Ya en 2016, con la firma del Acuerdo de Paz y la entrada en vigor de este, las FARC salen del territorio y en Tumaco empieza una nueva lucha por el control del territorio con la llegada de nuevas bandas criminales. Esto sumado a los incumplimientos de los acuerdos, propició la reorganización de las disidencias de las FARC y generó nuevos escenarios de conflicto (La iniciativa, 2018).

Es así como en los últimos veinte años, la dinámica del conflicto en Colombia, en lo general, y en Tumaco, en lo particular, ha desatado un crecimiento de sujetos endriagos que han desarrollado y aplicado un sin número de prácticas de terror y muerte, prácticas que evidencian la fragmentación del monopolio de la violencia por parte del Estado y la implantación de una estructura criminal en el territorio. Estos sujetos insertaron una economía en favor de sus relaciones de producción y poder, ejerciendo autoridad mediante el uso de la violencia y adjudicándose el derecho de decidir sobre la vida de la población (Mbembe, 2011).

En Tumaco, como en las favelas brasileñas, o como en los *townships* sudafricanos, las dinámicas del conflicto se adicionan a las innumerables condiciones de pobreza y precariedad con un importante marcador étnico-racial y de clase que permea todas las esferas sociales al más crudo de los estilos coloniales

---

7 Se conoce como Niche Panda a los hombres dedicados al tráfico de droga quienes usualmente "manejan un bajo perfil". Estos, generalmente, ocupan una posición de respeto dentro de la sociedad y las bandas criminales de la zona.

(Mbembe, 2011). En estas geografías es claro que existen intersecciones sociológicas[8] inscritas en un marco de violencia estructural (Vargas, 2018) y dirigidas hacia poblaciones específicas tales como distintos grupos etarios diferenciados en ocasiones por el género (Fundación Ideas para la Paz, 2018). Estas violencias emanan de diversos actores o grupos armados generalmente masculinos que incluso comparten el grupo étnico-diferencial y/o la clase (ACNUR, 2017).

Empíricamente esta economía ilegal y criminal se ha financiado por las operaciones con cocaína en todos sus niveles, desde el cultivo de las hojas en lugares rurales aledaños, la producción de la pasta en laboratorios urbanos y rurales, hasta su distribución subnacionales e incluso a nivel internacional desde la frontera con Ecuador (Sistema Integral de Monitoreo de Cultivos Ilícitos, 2019). Además, en los últimos años han aparecido más células de los cárteles de droga mexicanos quienes también se disputan este territorio fronterizo (Salas, Wolff, & Camelo, 2018). Estas operaciones ponen de relieve una dimensión ambiental que merece problematizarse, ya que es precisamente en los ecosistemas (bosques y manglares) en donde cobra sentido el cultivo, las estrategias de ubicación para la fabricación de la droga, las tácticas de guerra contra los adversarios y la distribución de la mercancía.

Dichas dinámicas han transformado estos espacios naturales que ancestralmente les ha brindado a los habitantes una relativa seguridad alimentaria, en espacios de miedo, terror y zozobra. El manglar, un ecosistema que les garantiza la pesca o la recolección de conchas, es utilizado al mismo tiempo como vías flu-

---

8 Se asume la idea de la interseccionalidad en función de su incorporación en los estudios latinoamericanos para hacer referencia a aquellas investigaciones que centran la atención en los impactos que tuvo o que ha tenido el conflicto en zonas marginadas en las que pueden habitar poblaciones con diversas opresiones (Centro Nacional de Memoria Histórica, 2013).

viales para transportar los cargamentos de droga con todos los riesgos y terrores que su ejercicio conlleva.

RESULTADOS Y ANÁLISIS

Caracterización socioeconómica de Familias en Acción

Muchas de las investigaciones desarrolladas en Tumaco, y en otras partes del departamento de Nariño, concluyen que la guerra[9] permanece en diversas latitudes recrudeciendo sus efectos en algunas unidades subnacionales. Como muestra el mínimo recorrido histórico anteriormente señalado, el conflicto en Colombia tiene presencia en áreas rurales como urbanas, con profundos niveles de pobreza y altos niveles de desigualdad. Uno de estos ejemplos es el barrio Nuevo Milenio en la cual se insertan geografías de extrema violencia como lo es Familias en Acción.

Nuevo Milenio se encuentra en el sur del municipio y está circunscrito geográficamente por el Río Rosario y es atravesado por el Puente Pando. En este barrio, se estiman 2000 habitantes de los cuales 1250 pertenecen a Familias en Acción. Este sector fue habitado socialmente en el 2006, en paralelo a la desmovilización del bloque paramilitar Libertadores del Sur.[10] Para ilustrar el proceso emigratorio de este sector, a continuación,

---

9 La guerra es definida como la relación de violencia entre dos o más colectivos. Desde una perspectiva biopolítica, Foucault planteó la relación de guerra entre razas, sin embargo, en la producción del biopoder, la guerra se dirigió al interior del mismo cuerpo social.

10 En 2005 se desmovilizó el Bloque Libertadores del Sur del Bloque Central Bolívar. Este bloque comenzó en 2005 como un grupo armado que “brindaba protección a los habitantes y políticos de la región con los excesos de la guerrilla” (Garzón, 2007), sin embargo, se transformó en un grupo de narcotráfico y franquicias que operaba en Buenaventura y Tumaco.

se cita el testimonio de Don Lucho rescatado por el periódico *El Tiempo*: "En donde yo vivía me mataron dos marranos. Vinieron por el último. Les pedí que me lo dejaran. '¿No le gusta? –me dijeron–. Tiene 20 minutos pa' irse'. Imagínese. Toda una vida allá. Llegué (a Familias en Acción) y un amigo me dijo: 'Hágase a un lotecito. Y aquí estoy"". Don Lucho atribuye la salida de su territorio debido a 'un grupo', sin especificar cuál, como hacen todos aquí. Nadie los menciona por el nombre. Basta preguntar por alguno en particular para que se instale un silencio tenso y elocuente (Sierra, 2016, párr. 8).

Las personas que comenzaron a habitar Familias en Acción llegaron desde Río Mexicano, Rio Chagüi, Rio Chajal o Alto Mira y Frontera,[11] tras fuertes desplazamientos y amenazas de grupos armados. En sus lugares de origen, estas personas subsistían de actividades económicas como la pesca o la agricultura.

Actualmente, este sector está conformado por aproximadamente 250 familias, todas afrodescendientes (Sierra, 2016, párr.1-2); usualmente las casas se componen por una media estimada de cinco habitantes. En lo intrafamiliar, se reconoce la disfuncionalidad de las relaciones filiales, pues los hogares están, en mayor medida, a cargo de madres solteras quienes trabajan como "aseadoras, concheras o pelando camarón para llevar un sustento económico a las casas" (Karina, comunicación personal, 2021).

Acerca de la pobreza multidimensional y la calidad de vida de los habitantes de este sector, Familias en Acción no cuenta con agua potable ni alcantarillado, solo letrinas para que las personas realicen sus necesidades fisiológicas.[12] Esta pobreza multidimensional está estrechamente relacionada con ámbitos

---

[11] Zonas aledañas generalmente rurales.

[12] Anticipamos el uso de generalidades ya que la información disponible en el Departamento de Administración Nacional no se encuentra desagregados los microdatos por zonas.

como el laboral, ya que existen muy pocos empleos formales, por ejemplo, trabajadores contratados con todas las prestaciones de ley. Cabe señalar que, algunas organizaciones no gubernamentales han provisto trabajos temporales para actividades como la recolección de basura. En este escenario de pocas oportunidades laborales, el rebusque[13] es la base de las actividades económicas. Para la juventud que compone casi el 50 % de la población,[14] las únicas perspectivas de movilidad social son el mototaxismo o el comercio informal.

En lo educativo, existen cuatro universidades en el municipio las cuales ofertan carreras técnicas y algunas ingenierías. Las dos más importantes son sedes de la Universidad del Pacífico y la Universidad de Nariño; de los habitantes de este sector, se estiman cerca de veinte estudiantes universitarios. En cuanto a salud, el hospital de salud Divino Niño es el centro de salud al cual se recurre. Cabe señalar que, este hospital es Nivel 1, es decir, que solo brinda cuidados preventivos para la población. Ante estas ausencias, la medicina tradicional y alternativa se mantiene como una alternativa para los habitantes.

Las opciones de socialización para las juventudes se reducen a estudiar una carrera universitaria, conseguir un empleo temporal o, en el escenario más atroz, participar de un grupo al margen de la ley (Sierra, 2016, párr. 10 con énfasis propio). Cabe aclarar que estas opciones pueden coexistir en las mismas personas, es decir, para quienes pudieron acceder a la universidad, generalmente es necesario también trabajar en el rebusque para sostener sus estudios. Inclusive, existen testimonios que demuestran que algunos jóvenes se introducen en

---

13 Expresión informal en Colombia para referirse a la búsqueda constante de ingresos generalmente en lo informal.

14 No se encontraron datos oficiales, pero argumentamos a partir del testimonio de Beiron y algunas estimaciones hechas con las familias de los entrevistados quienes suelen tener dos o tres hermanos.

actividades criminales para financiar su formación académica (Naciones Unidas, 2020).

PERFIL DE LAS Y LOS INFORMANTES

Las personas entrevistadas para la investigación se encuentran entre los 18 y los 26 años, con la excepción y de una lideresa comunitaria, y se auto reconocen como afrodescendientes. Además, manifiestan que ellos y sus familias tienen por lo menos diez años viviendo en el sector Familias en Acción; todas arribaron a este sector derivado de un proceso de desplazamiento forzado desde sus lugares de origen. En tres de los casos este desplazamiento tuvo que ver con grupos armados, en otros dos, por la ausencia de oportunidades económicas en los ríos mencionados y, un último caso, debido a desastres naturales.[15] En cuanto a la identidad de género, se entrevistan a dos hombres, uno de orientación heterosexual y otro homosexual, y seis informantes mujeres heterosexuales.[16] Todas las personas manifiestan mantener sus actividades personales de forma paralela a sus actividades comunitarias, así como el sostenimiento económico. En el caso de las y los estudiantes, se percibe que su formación académica no es una condición excluyente para participar en alguna actividad laboral o comunitaria. En sus palabras, "la labor comunitaria nos ha dotado de una cierta conciencia política sobre la realidad en el sector" (E-4, comunicación personal, 2 de noviembre de 2020).

---

15 Según la CEPAL (2005), la búsqueda de oportunidades también puede ser asumido como un proceso de desplazamiento forzado ya que las condicione estructurales y la ausencia de oportunidades obliga a las personas a desplazarse a otros territorios.

16 Aclaramos la importancia del informante sexo diverso ya que, en sus palabras, esta condición ha generado comentarios de discriminación e intimidación en el territorio.

Tabla 1. Características de las y los informantes

Entrevista	Género	Edad	Afrodescendiente	Años en Tumaco	Ocupación	Proceso de violencia física o simbólica directa/indirecta
E-1	M	22	Sí	10 años	Estudiante Universitario	Encañonamiento con arma de fuego por robo. Maltrato físico a las mujeres que están vinculadas con actores. Son parejas de ellos consideradas de su propiedad, intimidación con arma de fuego hacia sus parejas.
E-2	M	21	Sí	21 años	Estudiante Sena y Fundación arcoíris	Discriminación por orientación sexual.
E-3	F	22	Sí	22 años	Ama de casa	Agresiones por parte de su expareja miembro de las disidencias de FARC consumidor de drogas.
E-4	F	20	Sí	20 años		Violación de una amiga por parte de actores armados
E-5	F	19	Sí	19 años	Estudiante de I.E.	No menciono

E-6	F	25	Sí	15 años	Psicóloga, docente de la I.E. RM Bicho y lideresa comunitaria	Agresión física a una menor de edad por parte de un actor armado identificado
E-7	F	27	Sí	20 años	Comerciante y lideresa comunitaria	Presencia de maltrato e intento de asesinato de su primo (parte de los grupos) hacia una amiga (pareja de él) por separación Amenazada le toco irse Intento de asesinato de un amigo por el no pago de una deuda
E-8	F	36	Sí	26 años	Lideresa comunitaria	Maltrato físico de una menor de edad y disparos con arma de fuego hacia la misma. Amenazas por defender a sobrina que sostiene relación con actor armado.

Fuente. Elaboración propia de los investigadores

HALLAZGOS CUALITATIVOS

El sector Familias en Acción ha formado relaciones interpersonales en las que la mayoría de los habitantes se conocen de forma directa o de forma indirecta. Esto favorece el reconocimiento o desconocimiento de personas ajenas al lugar. Si bien esto puede ser leído como una herramienta de protección entre la comunidad debido a que "se sabe quién está en malos pasos o quienes no son de ahí" (Beiron, comunicación personal, 13 de noviembre de 2020), también es fácilmente identificable a una persona de la comunidad que se ha involucrado en las actividades ilícitas y ha generado un cambio repentino en su condición socioeconómica. En palabras de Karina, coautora de esta investigación: "Es sospechoso porque es imposible generar una movilidad social económica inmediata, pues no hay condiciones en la zona, ¿cómo te explicas que alguien a quien conociste desde la infancia y que sabes que no tiene dinero, de la noche a la mañana tenga un diseño de sonrisa que cuesta un montón, una moto o una casa? (Karina, comunicación personal, 26 de enero de 2021).

La cita anterior muestra un testimonio sobre las dificultades para generar una movilidad social intergeneracional en un lugar en la que según Beiron, solo el 20 % de la población cuenta con un empleo formal.[17] Lo paradójico yace en que, en medio de la búsqueda de ese bienestar, los jóvenes son quienes asumen los riesgos de las lógicas ilegales.

En cuanto al género vale la pena dimensionar los matices encontrados desde una dimensión de identidad de género masculino/femenino debido a la auto identificación de las y los informantes y su relación con el espacio.

---

[17] Es menester señalar que según el Departamento Administrativo Nacional de Estadística (DANE), la tasa de desempleo en el municipio para 2020 se encuentra en 23.9%, sin embargo, esta cifra es sospechosa ya que reconoce como personas empleadas a aquellas que trabajan en el sector informal, aspecto estructural de la dinámica laboral en el municipio.

Para los hombres, existe el riesgo de involucrarse en el aparato ilegal desde dos formas, ya sea con su integración directa en los grupos criminales para el consumo y venta de drogas, generalmente acompañado de prácticas sicariales o en su participación solo como consumidores. En ambos casos, las personas manifiestan una relación entre la participación de los sujetos en esas lógicas sicariales y una exaltación de las violencias intrafamiliares.

Para el primer caso, los grupos criminales generalmente, utilizan la atracción fetichista de mercancías como lo son objetos tecnológicos, motocicletas o ropa "de marca"; entrar en los grupos armados convierten la adquisición de estas mercancías en una posibilidad real para los jóvenes. La integración en las actividades criminales o en los grupos al margen de la ley, puede transitar desde participar en robos a mano armada, la distribución mediante el narco menudeo,[18] hasta la ejecución de homicidios (Redacción Semana, 2021).

Para los jóvenes masculinos que se encuentran insertos en estas dinámicas mercenarias "la única opción es sobrevivir [...] además, muchos piensan que el tener un arma les va a hacer sentir más hombres, como pasa con las drogas, ahí los ves consumiendo a plena luz del día a pesar de la pandemia y cuando van a vender droga ahí está el dinero a su disposición" (E-1, Comunicación personal, 13 de febrero de 2021).

Al ingresar a la organización, ellos adoptan una actitud de superioridad, poder y dominio sobre el espacio y sobre la vida de los demás. Bajo este contexto de guerra, el ejercicio del necropoder los envuelve permanentemente, entran en un complejo de inmortalidad, es decir, en una realidad alterna donde el ejercicio de prácticas de terror los convierte en intocables y, por ende, inmortales. Este espejismo que se produce, los empuja a

---

18 Las sustancias de mayor consumo son la marihuana, la cocaína y el bazuco.

reproducir necroprácticas en donde les sea posible bajo el mandado de "intocabilidad".

Acerca de la segunda condición solo de consumo, los efectos de las sustancias tóxicas tienen una relación con la multiplicación de las violencias en su núcleo familiar tal y como lo expone una de las entrevistadas: "Ellos (los hombres) se tiran a la calle a muy temprana edad, el papá del hijo de mi sobrina se tiró a la calle a los 14 años, vivía solo con la mamá y las dos hermanas, se volvió consumidor de drogas. Después empezó a tener una conducta agresiva con la mamá y la hermana. Y ahora es miembro de la guerrilla" (E-6, Comunicación personal, 29 de enero de 2021).

Mercenarios o no, existen también muchos testimonios de las violencias de sujetos masculinos hacia sus parejas femeninas a quienes les infligen terror que oscila desde la intimidación hasta el exterminio de sus cuerpos (Segato, 2016). Esta situación se evidencia, en algunos relatos contados por las y los participantes, quienes manifestaron haber sufrido violencia física o simbólica o tener conocimiento de experiencias cercanas con sus amistades. En lo físico, se reconocen encañonamientos e incluso agresiones directas por parte de exparejas que militaban en los grupos armados. En lo simbólico, las amenazas son la constante. Para las personas que no sufrieron violencia directa, sí ha habido violencias ejercidas hacia familiares o amigos.

Por su parte, las mujeres jóvenes, generalmente, se involucran de forma obligada en las actividades ilegales mediante actividades como la prostitución y, al igual que los hombres, el narcomenudeo. Es de forma obligada, pues para las que no son forzadas a trabajar intimidadas con amenazas directas, las condiciones de pobreza que experimentan "las obligan a buscar dinerito así sea como prostitutas" (Karina, comunicación personal, 14 de noviembre de 2020). En todos los casos, e independientemente de la posición, es común "meter vicio".[19]

---

19 *Meter vicio* refiere la actividad de consumir drogas como marihuana o cocaína.

Los riesgos para las mujeres que participen o no en actividades ilícitas, el riesgo de convivir con un sujeto masculino endriago es eminente. La producción cultural de las masculinidades y la forma en cómo se asocian con el consumo de alcohol y drogas se evidencia con el creciente consumo de narcocorridos en los espacios cotidianos de interacción, música ranchera, cuyas letras tienden a generar apologías sobre el tráfico de drogas, así como el consumo de cuerpos femeninos. Además, en la interacción barrial, la producción de discursos y suposiciones sobre el quehacer de las mujeres en lo cotidiano, se puede observar desde la pregunta popular: ¿y ella a qué se dedica? Este tipo de interrogantes "hace que haya muchos chismes entre mujeres que acaban en golpes o en venganzas" (E-4, comunicación personal, 12 de febrero de 2021).

Desde la condición más microsocial de discriminación, las mujeres también sufren innumerables discriminaciones cotidianas que tienen que ver con sus cuerpos y la deseabilidad estética sobre ellos. En palabras de una entrevistada: "En la calle te dicen de todo, que si estás flaca eres una flacuchenta, que si estás gorda, eres una ballena; así son los hombres en la calle, aunque también las mujeres dicen esas cosas" (E-3, comunicación personal, 12 de febrero de 2021).

Tanto hombres como mujeres que participan de forma directa en las estructuras criminales se encuentran insertados en una estructura criminal piramidal:

> "Muchos se meten a los grupos con engaños, les prometen ganar dinero y cuando están adentro las cosas cambian. A muchos que están abajo, los que son copio-copio o martillo, los han echado de la casa y esos son los que aguantan hambre. No tienen un sueldo fijo, depende de lo que los comandantes les quieran dar. Lo peor es que no se pueden salir porque los matan, todos meten vicio" (E-1, Comunicación personal, 13 de febrero de 2021).

Como es posible observar con el testimonio del E-1, la estructura criminal diferencia algunos cargos. Cada uno tiene sus funciones específicas comenzando por el nivel más ínfimo, los copio-copio o martillos. Estos individuos son generalmente jóvenes, se encuentran en el más bajo rango de la organización y están encargados de identificar las zonas, y tiendas que van a "vacunar".[20] Además, operan el aparato disciplinar, como muestra el siguiente ejemplo: "Una vez iba entrando al barrio con mi papá, cuando de repente se nos aparece un muchacho a preguntarnos ¿quiénes éramos?, ¿de dónde veníamos? Por suerte, veníamos conversando algo relacionado con la ubicación de la casa y el muchacho escucho y retrocedió" (E-6, Comunicación personal, 13 de febrero de 2021). Este control asumido por los copio-copio evidenció su impacto durante los primeros meses de la pandemia SARS-CoV-2 y las medidas de restricción de movilidad del gobierno, pues "en plena pandemia nadie le ponía cuidado al gobierno, pero cuando los grupos al margen de la ley decían que nadie saliera, ahí sí" (E-4, comunicación personal, 26 de enero de 2021).

Después están los sicarios quienes se dedican al cobro de las extorsiones y ejecución de personas. Sus actividades están localizadas en espacios de terror identificados por los habitantes "acá hay un lugar que se llama Palmichera es como un cementerio, allí se realizan las ejecuciones, pican a la gente y echan los restos al mar. Las personas que han entrado nunca han vuelto a salir" (E-7, Comunicación personal, 16 de enero de 2021).

Enseguida, aparecen los vendedores, estos se dedican a la venta de drogas en sitios como el Bronx Tumaqueño o Cuatro Esquinas. Para engrosar las filas aparece el reclutador "ellos están viendo por ahí los muchachos que no están haciendo nada, que no se dedican a nada para meterlos a su grupo" (E-5, Comunicación personal, 29 de enero de 2021). El reclutador está a cargo del comandante quien se dedica a la coordinación de las operaciones de la organización y a garantizar que todo

---

[20] Se denomina *vacuna* al acto de extorsión por parte de las bandas criminales locales, proyectos o actividades económicas que representen recursos. A partir de las vacunas se "garantiza la seguridad" o por lo menos la "no molestia" de los lugares señalados.

funcione (Quintero, 2019) para mantener el control de la zona y del microtráfico. Ya en la supra estructura se encuentran los asesores quienes representan a los grupos ante el Estado. Ellos planifican y coordinan las operaciones, además, deciden, en el más clásico de los ejercicios de biopoder, a quien hacer morir y a quien dejar vivir (López, 2016). Aquí "los altos mandos se encuentran en la zona rural como Río Mejicano" (E-5, Comunicación personal, 29 de enero de 2021).

Señalada la estructura criminal descrita por los participantes y corroborada por Beiron y Karina, desde su presencia física en la comunidad, es menester aunar en la relación institucional entre el Estado y la unidad de análisis. Esta relación es particular, pues geográficamente Familias en Acción se encuentra muy cerca de la base militar Fuerza de Tarea Hércules y muy cerca también de la empresa Ecopetrol sede Tumaco. Según la E-7, aproximadamente a 300 metros de esta base, existen zonas como "Chanti donde operan los grupos al margen de la ley justo al lado de los soldados" (E-7, Comunicación personal, 16 de enero de 2021). Esto refleja la coexistencia de las fuerzas militares y la criminalidad. Ante este fenómeno surge la pregunta ¿cómo es posible que convivan en un mismo espacio el crimen y la legalidad? Para responder a este cuestionamiento, la E-6 afirma que, "al Estado nunca le hemos importado, los militares que están aquí en el barrio están para salvaguardar los intereses de Ecopetrol y no para cuidar a la comunidad" (E-6, Comunicación personal, 17 de febrero de 2021).

Por último, de cara al Proceso de Paz iniciado por el expresidente Juan Manuel Santos, en el año 2014 que inició con el cese al fuego bilateral entre el Ejército y las Fuerzas Armadas, mediante los diálogos suscitados en La Habana, los jóvenes y las lideresas comunitarias sostienen que el nombrado proceso de paz "no sirve para nada" (E-7, comunicación personal, 12 de febrero de 2021). Aunque en los últimos años se ha incrementado la presencia de instituciones estatales como ocurre con el aparato coercitivo, la paz es un elemento discursivo que se queda en el monitoreo superficial de los efectos pasados del conflicto sobre ellas, y pocas veces aterriza o repara en las desigualdades actuales de lugares como Familias en Acción. No obstante, en palabras de E-4, el acuerdo es inoperante ya que persiste la pregunta de "por qué Tumaco es uno de los municipios más violentos que hay ahorita. Por qué los rumores, no rumores, las balaceras son del diario vivir. Entonces, eso qué implica. Que Tumaco no está en el acuerdo de paz". (E-4. comunicación personal, 26 de enero de 2021). Para ellos, "En la televisión con eso de los acuerdos de paz solo muestran lo que más vende" (E-2, comunicación personal, 5 de febrero de 2021)

Para concluir los hallazgos, incluimos algunos aspectos rescatados de los testimonios de las lideresas, los cuales no difieren mucho de los testimonios jóvenes. Para ellas, la violencia ha empeorado en los últimos diez años con el incremento de grupos al margen de la ley y la multiplicación del narcotráfico y el consumo de drogas en lo local. Como menciona una de las entrevistadas muy cercano al testimonio de la E-4 sobre el control disciplinar:

> "Nuevo Milenio no estaba así cuando yo tenía 12 años, antes podíamos salir a jugar fútbol a la hora que fuera sin miedo a nada [...] hoy existe un toque de queda implícito. Por ejemplo, cuando las autoridades ponían la cuarentena nadie o muy pocas personas hacían caso, pero cuando la ponían los grupos armados, todos se encerraban" (E-7, comunicación personal, 12 de febrero de 2021).

A pesar del escenario adverso, tanto jóvenes como lideresas encuentran en la juventud no solo una población importante que ocasionalmente puede salvar el devenir de Familias en Acción, también elementos de resistencia colectiva. Es aquí donde cobra sentido el rebusque y el agenciamiento político, el cual, ha sido ampliamente documentado por aquellas investigaciones que han analizado la agencia de los sujetos en contextos de guerra (Magallón, 2012). Tanto adultos como jóvenes optan por rebuscarse en empleos informales todos los días para sostenerse frente a los innumerables acontecimientos de violencia. Desde el comercio hasta la creación de colectivos, organizaciones comunitarias y proyectos de participación con y sin el Estado como ocurre con el Centro Juvenil Afro, lugar en el que se mantienen espacios artísticos y culturales por y para la afrodiáspora.[21]

Estas referencias sobre el agenciamiento en un contexto adverso, es coherente con el perfil de las y los jóvenes entrevistados. A pesar de que la mayoría estudia alguna carrera ofertada por las universidades del municipio, muchos se sostienen económicamente por el rebusque en informal para así apoyar en los gastos del hogar, gastos que se han recrudecido en las crisis globales como lo ha venido mostrando la pandemia SARS-CoV-2

CONCLUSIONES

Pensar las violencias en América Latina conlleva una serie de retos e interrogantes acerca de las formas en las que la violencia se ha desarrollado en la región, así como sus más crueles pedagogías insertas en la cotidianidad. Tales son los casos de países como México y Colombia. En estos países tan heterogéneos territorialmente hablando, las unidades subnacionales (estados o departamentos, municipios, localidades o colonias, barrios o zonas) pueden encontrarse ciertos matices en los que la relación juventudes-narcotráfico-violencia, masculinidades endriagas, sostienen las economías ilegales mediante el uso de necroprácticas y difusión del terror.

A pesar de las iniciativas de paz encaminadas en los últimos nueve años en Colombia, los grupos armados persisten desde las figuras como guerrilleros disidentes, paramilitares e incluso neoparamilitares como sostienen Soledad, Restrepo, y Tobón

---

[21] Es importante destacar la labor de algunos entes no gubernamentales en la zona, así como instancias de cooperación internacional. En un contexto tan adverso, representan importantes posibilidades de cambio y prevención de la reproducción de violencias.

(2009). Adicionalmente, se agregan los cárteles de droga mexicanos que en los últimos años han cobrado una fuerza socioespacial importante en función de las nuevas rutas comerciales de tráfico de cocaína y amapola.

Municipios como Tumaco, con toda la complejidad que lo acompaña, desde barrios como Nuevo Milenio y particularmente sectores como Familias en Acción, muestran la persistencia del conflicto armado en una temporalidad histórica caracterizada como el posacuerdo.[22] En este orden de ideas, los autores suscriben el cuestionamiento de Michel Foucault en el que se pregunta "¿cómo es posible que un poder político mate, reclame la muerte, la demande, haga matar, dé la orden de hacerlo, exponga a la muerte no sólo a sus enemigos sino aun a sus propios ciudadanos?" (Foucault, 2001, p. 230)

En las geografías de terror existen una serie de elementos de corte estructural como la pobreza, los estigmas sobre los cuerpos negros y la intensificación de las necroprácticas producto del narcotráfico y las lógicas de violencia que han permeado la cotidianidad de los habitantes. Estas violencias están dirigidas a poblaciones específicas que pueden pertenecer a un grupo vulnerable o de especial atención como es el caso de los jóvenes quienes han quedado a merced de los grupos criminales (Quintero M. , 2018).

Para sobrevivir a estas condiciones de vulneración multidimensional existen dos caminos: participar, como en muchos otros casos a lo largo del territorio nacional, en las lógicas de los grupos al margen de la ley (Springer, 2012), o buscar el rebusque y la movilidad económica mediante las pocas oportunidades

---

22 Si bien esta investigación estuvo acompañada de un análisis de caso en la periferia urbana del municipio y dinámicas asociadas a los fenómenos acontecido en el nombrado casco urbano, los autores no desconocemos el fuerte componente rural del conflicto (PNUD, 2011), así como sus conexiones con el contrabando, cultivos ilícitos y su impacto en la zona de interés.

laborales y educativas disponibles. El primero de los caminos encuentra en el género su más importante variable, ya que dependiendo del género depende la forma en cómo se introducen las y los jóvenes en las dinámicas ilegales (Alonso, 2014).

Para los hombres existe la atracción de lo monetario y el consumo de mercancías; el primer momento para participar activamente de los grupos es ocupar uno de los cargos más bajos como los copio-copio o los martillos. Para las mujeres la atracción con mercancías también es clave, pero más importante aún es la fuerza y la violencia con la que, en la mayoría de los casos son obligadas como en casos subnacionales de América Latina (Jiménez, 2014)

Esta investigación no partió de los supuestos sobre producción de masculinidades y estrategias de guerra amparados en el narcotráfico, sin embargo, los autores corroboran diversas conclusiones de algunas investigaciones sociológicas y antropológicas que han analizado las dimensiones juventud, violencia, drogas y género concluyendo que en Nuevo Milenio también existe: a) una cierta fascinación del poder (Becerra, 2020), la apropiación de estrategias de dominación de cuerpos femeninos por parte de los sujetos masculinos (Becerra & Hernández, 2007) y b) el consumo individual de sustancias y la propagación de violencia comunitaria e intrafamiliar que generalmente decanta en violencias hacia la mujer (Gómez & Almanza, 2016).

Las mujeres, entonces, se sitúan en una posición multidimensional de riesgo. Insertas en el machismo estructural del narcomundo (Ovalle & Giacomello, 2006) y las dinámicas de pobreza y exclusión social que tienden a relacionarse con violencia de género (European Anti Poverty Network, 2020), las mujeres se encuentran a merced de las estructuras criminales masculinas sin que esto deshabilite su agenciamiento político. Por el contrario, el trabajo informal (rebusque), el trabajo de cuidados en sus hogares e inclusive el interés por participar en actividades comunitarias, muestran su carácter activo y resiliente.

Independientemente del género, las altas posibilidades de integrarse a un grupo criminal es el más claro ejemplo de cómo la guerra encuentra en los cuerpos negros jóvenes, el mayor de los atractivos, así como el objeto de sus más atroces prácticas (Iranzo & Louidor, 2019)

Son ellas y ellos quienes pagan las consecuencias de nacer, crecer en una territorio étnico-racial que los lleva a afrontar las desventajas acumulativas que se sintetizan en la pobreza multidimensional. Esta lectura debe ser entendida no solo desde la condición pasiva (víctima) de los sujetos sino también activa (victimario), ya que son estos mismos jóvenes racializados quienes potencialmente se convierten en sujetos endriagos y quienes sostienen la reproducción del aparato ilegal.

Si bien en los testimonios, ninguna persona manifiesta haber participado directamente en una actividad criminal, todas y todos conocen tanto a los actores que presuntamente participan en las bandas como la estructura criminal que opera en el sector. Tal llega a ser el contacto y reconocimiento entre las familias del sector que siguiendo los acontecido en abril 2020 en donde se encontraron cinco cuerpos asesinados en el río Rosario, que Beiron manifiesta: "Esos que mataron, hasta fueron compañeros en el colegio, uno de ellos era hijo de Doña V y estudiaba conmigo" (Beiron, comunicación personal, 14 de febrero de 2021).

Por otro lado, es altamente preocupante el accionar del Estado ante esta dinámica de conflicto contemporáneo. Su accionar se resume en el aumento de la fuerza militar en el territorio, la cual es contrastante con la sensación de inseguridad y miedo latente en la población. Es paradójico que la comunidad obedezca más los controles instaurados por las bandas criminales que aquella dictada por el Estado como ocurrió con el confinamiento implementado para minimizar los impactos de la pandemia del SARS-CoV-2.

Lo anterior solo refleja la incapacidad del Estado colombiano para recuperar el territorio que está en manos de la criminalidad; para el caso de las y los entrevistados no hay credibilidad en las instituciones. Estas fisuras y poca credibilidad tienen coherencia con la percepción sobre el proceso de paz. Para ellos, los acuerdos solo representan un discurso ya que, en lo cotidiano, los innumerables actos de violencia física y simbólica persisten.

Para finalizar, es destacable la labor de los líderes y las lideresas en la zona, pues, en Colombia, ser líder o lideresa social no solo representa una condición política de representación, conlleva riesgos que pueden ir desde amenazas verbales o simbólicas hasta el exterminio desde prácticas como la desaparición forzada o el homicidio. Del año 2016, fecha de la firma de los Acuerdos de Paz, al mes de marzo de 2021, se tienen el registro de más de 1200 líderes y lideresas asesinadas de forma sistemática (Redacción Vanguardia, 2021). Su participación como la organización colectiva comunitaria demuestra que incluso en los escenarios con las más crueles pedagogías, existen movilizaciones políticas y agenciamientos de los sujetos. Los agenciamientos son definidos como las estrategias de organización comunitaria frente a escenarios adversos. Estos son políticos en tanto superan la condición de sujeción clásica de los individuos para situar su movilización con otros sujetos con quienes encaminan luchas colectivas (Ema, 2004)

Como se observa con la participación de las mujeres entrevistadas y las lideresas, en este agenciamiento las mujeres no solo son sujetas (Baudoin, 2021), también son estrategas políticas que participan activamente desde los cuestionamientos cotidianos de las relaciones personales e interpersonales, participación comunitaria y creación de espacios alternativos.

Ante los hallazgos encontrados, la situación que permanece en este país y el interés por la superación por lo menos discursiva de la violencia, los autores consideran importante reconocer el pasado, trabajar en el presente y, así, realmente hacer viable la posibilidad construir un futuro. Es ese futuro no deber ser distópico, debe ser armónico para que así los jóvenes encaminen y cristalicen sus agenciamientos sin que esto implique la superación de las estructuras necropolíticas imperantes.

Referencias bibliográficas

La iniciativa; Fundación Paz y Reconciliación. (2018). Lo que ocurre en Tumaco. Puede ocurrir en 10 municipios. Fundación Paz y Reconciliación.

Cancimance, A. (2013). Memoria y violencia política en Colombia. Los marcos sociales y políticos de los procesos de construcción de memoria histórica en el país. Eleuthera, 13-38.

Castrillón, F. (2007, FEbrero 09). La coca en el Pacífico colombiano. Retrieved from Semillas: https://www.semillas.org.co/es/la-coca-en-el-pacfico-colombiano

CDPAZ; OXFAM;. (2017). Agenda común para la Paz desde los Territorios. Bogotá: Planeta Paz; OXFAM;.

Centro Nacional de Memoria Histórica. (2013). ¡Basta ya! Colombia: memorias de guerra y dignidad. Bogotá: CNMH.

CEPAL. (2005, Enero). Desplazamientos: Riesgos y oportunidades de buscar nuevos rumbo. Retrieved from Comisión Económica para América Latina y el Caribe: https://www.cepal.org/es/publicaciones/37303-desplazamientos-riesgos-oportunidades-buscar-nuevos-rumbos

López, C. (2016). Hacer vivir, dejar morir en la era de la gubernamentalidad. Acerca de la actualidad y de los alcances del enfoque foucaultiano de la biopolítica. Revista de Filosofía, 72. doi:http://dx.doi.org/10.4067/S0718-43602016000100008

ACNUR. (2017). Perder nuestra tierra es perdernos nosotros. Los indígenas y el desplazamiento forzoso en Colombia. Bogotá: UN. Retrieved from https://www.acnur.org/fileadmin/Documentos/RefugiadosAmericas/Colombia/Los_indigenas_y_el_desplazamiento_forzoso_en_Colombia.pdf

Alonso, C. (2014). Juventud, violencia y drogas: ¿una triada inseparable? In L. Costa, V. Noguera, & V. Silva, A política social na América do Sul: perspectivas e desafios no século XXI (pp. 233-246). Ponta Grossa: Editorial UEPG.

Arboleda, P. (2013). La violncia política en Colombia; justicia transicional en el marco del proceso de paz entre el gobierno de Santos y las FARC-EP. Revista Prolegómenos-Derecchos y Valores, 49-68.

Baudoin, M. (2021). El narcotráfico como dispositivo de poder sexo-genérico y el engañoso empoderamiento femenino, en Perra Brava. Cuadernos del CILHA. , 1-16.

Becerra, A. (2020). Narcocultura y construcción de sentidos de vida y muerte en jóvenes de Nayarit. Estudios sobre las Culturas Contemporáneas, 46-89.

Becerra, A., & Hernández, D. (2007). Fascinación por elpoder: consumo y apropiación de la narcocultura por jóvenes en contexto de narcotráfico. Intersticios Sociales, 259-286.

Defensoría del Pueblo Colombia. (2018). Informe especial: economías ilegales, actores armados y nuevos escenarios de riesgo en el posacuerdo. Bogotá: Programa de Derechos Humanos de USAID Colombia.

Defensoría del Pueblo. (2020, 9 diciembre). Retrieved from Defensoria del Pueblo Colombia: https://www.defensoria.gov.co/es/public/contenido/7399/Homicidios-de-l%C3%ADderes-sociales-y-defensores-de-DDHH.htm

Díaz, C., Sánchez, N., & uprimny, R. (2009). Reparar en Colombia: los dilemas en contextos de conflicto, pobreza y exclusión. . Bogotá: Centro Internacional por la Jusiticia Transicional y de Justicia.

Efren, C. (2001). El Pacífico Colombiano: de remanso de paz a escenario estratégico del conflicto armado. Cuadernos de Desarrollo Rural, 7-38.

Ema, J. (2004). Del sujeto a la agencia a través de lo político. Athenea Digital, 1-24.

Escobedo, R., & Palacios, M. (2009). Dinámica reciente de la violencia en la Costa Pacífica Nariñense y Caucana y su incidencia sobre las comunidades afrocolombianas. Bogotá: Observatoro el Programa Presidencial de Derechos Humanos .

Estévez, A. (2013). Capitalismo gore, Sayak Valencia. Frontera Norte, 25. Retrieved from http://www.scielo.org.mx/scielo.php?script=sci_arttext&pid=S0187-73722013000200011

Estévez, A. (2018). Biopolítica y necropolítica ¿constitutivos u opuestos? Estudios sobre Estado y Sociedad, 25(73), 9-45.

European Anti Poverty Network. (2020, 11 25). EAPN. Retrieved from El Estado de la Pobreza: https://www.eapn.es/noticias/1257/la-pobreza-y%C2%A0la-exclusion-social-estan-directamente-relacionadas-con-la-violencia-de-genero

FIP; USAID; OIM. (2014, febrero). Dinámicas del conflicto armado en Tumaco y su impacto humanitario. Retrieved from Ideas de Paz: http://cdn.ideaspaz.org/media/website/document/52f8ecc452239.pdf

Foucault, M. (2001). Defender la sociedad. México: FCE.

Foucault, M. (2001). Defender la sociedad. México: Fondo de Cultura Económica.

Fundación Ideas para la Paz. (2018). Territorio, seguridad y violencias de género en Tumaco. Bogotá: Fundación Ideas para la Paz.

Garzón, J. (2007). Desmovilización del Bloque Libertadores del Sur del Bloque Central Bolívar. Bogotá: Fundación Seguridad y Democracia.

Geulen, C. (2010). Breve historia del racismo. Barcelona: Alianza Editorial.

Gómez, A., & Almanza, A. (2016). mpacto del narcotráfico en jóvenes de Tamaulipas, México: drogas e inseguridad . Revista de Psicología, 445-472.

Iranzo, Á., & Louidor, Á. (2019). Entre la guerra y la paz: los lguares de la diáspora colombiana. Bogotá: Universidad de los Andes; Pontificia Universidad Javeriana.

Iranzo, Á., & Luouidor, W. (2018). Entre la guerra y la paz: los lugares de la diáspora colombiana. Bogotá: Universidad de los Andes; Pontificia Universidad Javeriana;.

Iza, M. (2018). Interseccionalidad y construcción de paz territorial en Colombia: análisis desde el caso de las mujeres de Buenaventura. Ciudadpanando, 11(2), 16-28.

Jiménez, E. (2014). Mujeres, narco y violencia: resultados de una guerra fallida. Región y Sociedad, 101-128.

Magallón, C. (2012). Representaciones, roles, y resistencias de las mujeres en contextos de violencia. Revista Crítica de Ciencias de Sociais, 9-30. doi:https://doi.org/10.4000/rccs.4797

Mbembe, A. (. (n.d.). Mbembe, A. (2011). Necropolítica. Barcelona: Melusina.

Mbembe, A. (2011). Necropolítica. Barcelona: Melusina.

Naciones Unidas. (2020, Abril 24). rupos armados en Colombia aprovechan la pandemia del coronavirus para ganar territorio. Retrieved from Noticias ONU: https://news.un.org/es/story/2020/04/1473382

Olaya, Á. (2019). La frontera entre Colombia y Ecuador: movilidades de comunidades afrocolombianas en escenarios del narcotráfico. Revista de Ciencias Sociales de la Universidad Iberoamericana , 175-208.

Oslender, U. (2018). Terror y geografía: examniar múltiples espacialidades en mundo "aterrorizado". Clepsidra. Revista Interdisciplinaria de Estudios sobre Memoria, 6(9), 66-85.

Ovalle, L., & Giacomello, C. (2006). La mujer en el "narcomundo". Construcciones tradicionales y alternativas del sujeto femenino. Revista de Estudios de Género, 297-318.

Parra, J. (2019, Septiembre 18). Las 2 Orillas. Retrieved from Los cuatro capos que mandan en Tumaco: https://www.las2orillas.co/los-cuatro-capos-que-mandan-en-tumaco/

Peña, E. (2019). El posconflicto en Colombia. Perspectivas, 11, 84-88. Retrieved from ecuperado a partir de https://revistas.uniminuto.edu/index.php/Pers/article/view/1812

PNUD. (2011). Colombia rural. Razones para la esperanza. Informe nacional de Desarrollo Humano. Bogotá: INDH/PNUD.

Quintero, F. (2019, Octubre 07). Tumaco, entre la economía ilegal y resistencias juveniles. Retrieved from Fundación Paz y Reconciliación: https://pares.com.co/2019/10/07/tumaco-entre-la-economias-ilegales-y-las-resistencias-juveniles/

Quintero, M. (2018, Julio 2018). Tumaco: juventud en medio del narcotráfico. Retrieved from Fundación Paz y Reconciliación: https://pares.com.co/2018/07/28/tumaco-juventud-en-medio-del-narcotrafico/

Ramírez, G., & Yuri, M. (2010). Paramilitarismo y conflicto urbano: relaciones entre el conflicto político armado nacional y las violencias preexistentes en la ciudad de Medellín: 1997-2005. Medellón: Universidad de Antioquia; CLACSO;.

Redacción Semana. (2021, marzo 25). Cómo es ser joven en Tumaco y sobrevivir a la guerra. Retrieved from Semana: www.semana.co/como-es-ser-joven-en-tumaco-y-trabajar-por-las-victimas/543437/

Redacción Vanguardia. (2021, Marzo 17). Revelan sistematicidad en el asesinato de líderes sociales en Colombia. Retrieved from Vanguardia: https://www.vanguardia.com/colombia/revelan-sistematicidad-en-el-asesinato-de-lideres-sociales-GA3516945

Redacción Verdad Abierta. (2009, Marzo 13). Rastrojos desplazan 500 indígenas embera en el Chocó. Retrieved from Verdad Abierta: https://verdadabierta.com/rastrojos-desplazan-500-indigenas-emberas-en-el-choco/

Ruano, A. (2019). Sociedad en movimiento, tejiendo paz territorial en Nariño. Sociedad y Economía, 123-138.

Salas, G., Wolff, J., & Camelo, F. (2018). Dinámicas territoriales de violencia y del conflicto armado antes y después del acuerdo de paz con las FARC EP. Estudio de caso: municipio de Tumaco, Nariño. Bogotá: CAPAZ.

Segato, R. (2016). La guerra contra las mujeres. Madrid: Traficantes de sueños.

Serje, M. (2017). El mito de la ausencia del Estado: la incorporación económica de las "zonas de frontera" en Colombia. In E. Restrepo, A. Rojas, & M. Saade, Antropología hecha en Colombia. Tomo I. (pp. 643-664). Popayán: Editorial Universidad del Cauca.

Sierra, Á. (2016, enero 24). En Tumaco, desplazados le sacaron al mar un barrio para vivir. El Tiempo.

Sistema Integral de Monitoreo de Cultivos Ilícitos. (2019). Nariño: Líneas base departamentales. Nariño: UNDOC.

Soledad, G., Restrepo, J., & Tobón, A. (2009). Neoparamilitarismo en Colombia: uma herramienta conceptual para la interpretación de las dinámicas recientes del conflicto armado colombiano. In J. (. Restrepo, Guerra y violencias en Colombia. Herramientas e interpretaciones. (pp. 467-500). Bogotá: Pontificia Universidad Javeriana.

Springer, N. (2012). Como lobo entre corderos. Del uso y reclutamiento de niños, niñas y adolescentes en el marco del conflicto armado y la criminalidad en Colombia. 2012: Springer Consulting Services.

Suárez, J., & Gómez, K. (2021). Pandemia en un conteto gore. Un análisis necropolítico de Tumaco. Controversia.

Torregrosa, N., & Torregrosa, R. (2013). Violencia y política colombiana. Algunas pistas para su entendimiento. Verba Iuris, 20, 8393.

Valencia, S. (2012). Capitalismo gore y necropolítica en el México contemporáneo. Relaciones Internacionales(16), 83-104.

Vargas, V. (2018). Mujer víctima, violencia de género y conflicto armado... realidad que persiste. Cali: CINEP.

Viveros, V. M. (2016). La interseccionalidad: una aproximación situada a la dominación. Debate Feminista, 1-17.

Zuluaga, J. (2013). Movimiento por la paz y contra la guerra. In A. Villarraga, Movimiento ciudadano y social por la paz (pp. 41-55). Bogotá: Fundación Cultura Democrática.

Capítulo 8

Mapeando las heridas del territorio: reflexiones sobre la inteligencia territorial de los grupos de búsqueda por desaparición forzada en Sinaloa

INGRID CITLALLI ESQUIVEL MEDINA[1]
EMMANUEL ESPINOZA SALCIDO[2]

Resumen

Este texto es resultado del trabajo realizado en el marco del proyecto PRONACES 319127, que fue pensado como un diálogo con los colectivos de búsqueda en Sinaloa para la generación de un Sistema de Información sobre Desaparición Forzada, que sirviera como una herramienta para la incidencia de estos colectivos. Los trabajos de la primera etapa de implementación, la cual consistió en talleres de mapeo colectivo y uso de herramientas espaciales, permitieron constatar elementos de Inteligencia Territorial como parte del quehacer de los colectivos de búsqueda de desaparición forzada. A su vez, resalta la importancia de la reflexión colectiva al interior de los grupos, compuestos principalmente por mujeres, así como su autoreconocimiento. El andar de las mujeres que "buscan", así como las múltiples brechas y cercos a los que aún se enfrentan, son cuestiones que pueden y deben reflexionarse a través de herramientas de representación espacial, y a su vez, es necesario poner al centro las experiencias, saberes y dificultades de los andares colaborativos, particularmente aquellos

1 Maestra en Planeación y Políticas Metropolitanas por la Universidad Autónoma Metropolitana, Unidad Azcapotzalco. Contacto: ingridc.esquivelm@gmail.com

2 Maestro en Ciencias de Información Geoespacial por el Centro de Investigación en Ciencias de Información Geoespacial, A.C. Contacto: sigculiacan@gmail.com

que caminan bajo el *duelo suspendido* de la desaparición forzada y su expresión más palpable e hiriente en el territorio.

Palabras clave: inteligencia territorial, mapeo colectivo, desaparición forzada.

> Y si no desaparecieras, hijo, como así deseo y quiero, gritaría los nombres de aquellos que sí han desaparecido, escribiría sus nombres en los muros, abrazaría en la distancia y en la cercanía a todos esos padres, hermanas y hermanos que buscan a sus desaparecidos, caminaría del brazo de ellos en las calles y no permitiría que sus nombres fueran olvidados. Y querría hijo, que todos ellos, no tuvieran miedo, porque todos los estamos buscando (María Isabel Cruz Bernal, septiembre de 2022).

INTRODUCCIÓN

El presente texto deriva de las actividades realizadas en el marco de los proyectos de incidencia realizados en el marco del Proyecto Cultura, narcotráfico, violencias y juvenicidios en Sinaloa: Análisis para su comprensión, incidencia y transformación, que pertenece a uno de los Programas Nacionales Estratégicos (número 319127) del Consejo Nacional de Ciencia y Tecnología (CONACYT).

La Inteligencia Territorial planteado como un enfoque científico más que como una ciencia, se identifica como "un medio para los investigadores, para los actores y para la comunidad territorial de adquirir un mejor conocimiento del territorio y controlar mejor su desarrollo", poniendo al alcance de organizaciones de base comunitaria mayores herramientas para su repertorio de acción colectiva.

El objetivo general de este trabajo se centraba en la necesidad de generar información y datos relacionados con el problema de desaparición forzada y la búsqueda en fosas clandestinas por parte de los colectivos de familiares de desaparecidos. En este sentido, más allá de la generación de información que puede resultar de los conocimientos empíricos de los grupos de búsqueda, este texto se enfoca más en las experiencias que derivaron del trabajo de campo con dos colectivos en el estado de Sinaloa.

En este sentido, si bien se destaca el cumplimiento de los objetivos particulares de la acción -intervención que enmarca al proyecto PRONACES, también es necesario señalar que se identifican elementos que actualmente no son considerados como parte de la inteligencia territorial, sino como elementos de la acción colectiva, pero que, en el caso de los grupos de búsqueda de desaparecidos con los que aquí se trabajó, se observa que dichos elementos son fundamentales en la conformación de Sistemas de Inteligencia Territorial.

El presente texto se compone de tres apartados. El primer apartado corresponde a los antecedentes teóricos y la discusión en torno al concepto de Inteligencia Territorial, en el cual se hace una crítica a su visibilización parcial tan solo desde un tipo de ámbitos, a decir, los observatorios territoriales, sin que ello pueda ser limitativo de considerar a los colectivos y movilizaciones sociales como observatorios, sino que este concepto no se considera que pudiera abarcar colectividades tan complejas y desapegadas de las alternativas que brinda el Estado como son los colectivos de búsqueda de desaparecidos.

En segundo lugar, se presenta la propuesta metodológica de este trabajo, la cual se basó en el concepto de inteligencia territorial, que se concibe como la coproducción del territorio desde la gestión de la información, encaminada a promover el reconocimiento y desarrollo de habilidades y competencias como la autoconciencia, la memoria colectiva, la anticipación, toma de decisiones y el manejo de conflictos. El reconocimiento de los elementos de inteligencia territorial en el trabajo colectivo de grupos y movilizaciones sociales permite identificar áreas de oportunidad para fortalecer los repertorios de acción colectiva que tienen los grupos de la sociedad, como es el caso de los colectivos o colectivos de búsqueda de desaparecidos.

Para esto, se trabajó con los grupos de búsqueda ubicados en las regiones centro y sur del estado, principalmente en las ciudades de Culiacán y Mazatlán, con los colectivos Sabuesos Guerreras A.C. de Culiacán y Colectivo Tesoros Perdidos Hasta Encontrarlos de Mazatlán, a través de talleres con cada grupo de búsqueda en los que se trabajó el mapeo colectivo y la sistematización de información a partir de categorías de análisis construidas colectivamente, así como la promoción de la reflexión colectiva de parte de las integrantes de los colectivos.

Finalmente, el tercer apartado de este texto analiza cuatro de los componentes de la inteligencia territorial que plantea González Arellano (2014), mismos que se considera se encuentran presentes en el actuar de ambos colectivos, pero principalmente en el de Sabuesos Guerreras A.C. En este ejercicio, además de validar los saberes y experiencias de estos colectivos, y constatar la presencia de elementos de los cuatro elementos de la inteligencia territorial, se encontraron algunas ideas en torno la cocreación de imaginarios territoriales en procesos de mapeo colectivo, que ponen al centro el realce de las capacidades y los conocimientos territoriales de los colectivos.

Asimismo, se identificaron una serie de retos que aún presentan respecto a la inteligencia territorial, particularmente la gestión de conflictos, así como elementos de la colaboración y la comunicación que se reflejan más que nada en la interacción entre agrupaciones de la entidad.

Estos retos, más allá de plantear un obstáculo a la consideración de la inteligencia territorial dentro de los grupos de búsqueda, plantea la necesidad de diversificar el análisis de las experiencias del quehacer colectivo en territorios diversos y con prerrogativas sensibles como la búsqueda de desaparecidos, a través de las dimensiones que supone la Inteligencia Territorial. De ello se desprende el considerar al territorio más allá de un repositorio de cuestiones materiales, sino también como aquello que se construye colectivamente a partir de experiencias e imaginarios que atraviesan dimensiones que abarcan tanto el territorio físico como las corporalidades, el dolor y la lucha en colectivo.

DISCUSIÓN TEÓRICA

El concepto y las herramientas de la inteligencia territorial tienen su origen a finales de los años ochenta (Miedes et al., 2010, en Perea-Medina et al., 2018). Para la década del año 2000 se plantea la Inteligencia Territorial como "un medio para los investigadores, para los actores y para la comunidad territorial de adquirir un mejor conocimiento del territorio y controlar mejor su desarrollo" (Girardot, 2010: 15, en Perea-Medina et al., 2018).

De esta definición se desprenden dos aspectos fundamentales de otras definiciones de la Inteligencia Territorial: el enfoque científico y los actores-comunidad territorial (Girardot, 2002; Bertacchini, 2004; Devillet et al., 2008; Girardot, 2008; Bozzano, 2010; Almansa, 2010; Miedes et al., 2010; Frediani, 2012; Poujol, 20131; Sánchez, 20132; Gliemmo, 2013; Marek, 2013, en Perea–Medina et al., 2018).

Un tercer aspecto es el de la información y la comunicación; el primero, se entiende desde el intercambio, la mutualización, la organización y el conocimiento, para así facilitar el trabajo colaborativo de los actores implicados en un territorio (Bertacchini et al., 2003; Bertacchini, 2004; Dumas, 2004; Devillet et al., 2008, en Perea-Medina, 2018); mientras que el concepto de comunicación, se introduce en un proceso transformativo de datos-información-acción, así como una "puesta en común" que surge cuando comunidades se comunican y median a nivel cultural de intercambio y de necesidades. Dentro de la reflexión colectiva se encuentran los actores sociales y sus motivos (para qué), mientras que la inteligencia territorial les facilita las herramientas para resolver los "cómo" (Perea-Medina et al., 2018).

Cuando se habla de inteligencia territorial desde sus orígenes suele hacer alusión a contextos tecnificados y dotados de tecnología y conocimientos asociados al método científico para la elaboración de conocimientos estrechamente vinculados con la observación colectiva, poniendo un énfasis en el uso de metodologías que emplean tres elementos: herramientas y sistemas de información para conocer la estructura y dinámica de los territorios; procesos normalizados para el diseño, gestión y evaluación de intervenciones; y protocolos de coordinación y colaboración (Almasa, 2010).

Esta visión deriva principalmente de la idea de la inteligencia territorial como parte de un ejercicio consciente, que va enfocado principalmente a la investigación científica, el análisis y evaluación de políticas públicas, así como la toma de decisiones. Su máxima representación se encuentra en la definición que hace la Red Europea de Inteligencia Territorial (ENTI) que define la inteligencia territorial como "el conocimiento necesario para poder comprender las estructuras del sistema territorial y sus dinámicas, así como el conjunto de instrumentos empleados por los actores públicos y privados para producir, utilizar y compartir este conocimiento a favor de un desarrollo territorial sostenible" (ENTI, en Dasí, 2011), en donde se le considera una herramienta para la gobernanza territorial.

Bajo esta visión se da un mayor peso a la conformación y diseño de Observatorios Territoriales para el análisis, evaluación y planteamiento de las problemáticas territoriales como espacios de colaboración para la toma de decisiones. Estos espacios son vistos desde esta perspectiva como aquellos en donde se materializan las ventajas de la gobernanza multinivel y donde se hacen operativos los métodos científicos, la cooperación entre agentes y la participación activa de las poblaciones beneficiarias (Almasa, 2010).

De esta definición se destacan dos aspectos que se considera precisar para la presente investigación. Uno de ellos es la "conformación" y la instrumentalización misma de la inteligencia territorial a través de observatorios, pensando este concepto como una definición acotada de los espacios en los cuales se puede desarrollar la inteligencia territorial, misma que no se define o, mejor dicho, no se considera que abarque explícitamente los colectivos que accionan directamente la toma de decisiones de manera horizontal de manera más independiente de las estructuras estatales.

El segundo aspecto deriva de la noción de gobernanza, ya que desde la geografía crítica se observan dos nociones bajo las que puede abordarse la gobernanza (Stoker, 2009; Harvey, 1989): una de carácter normativa o prescriptiva, que es la dominante, y cuyo enfoque radica en las buenas prácticas de gobierno; y la noción descriptiva o analítica, que se basa en su naturaleza política y las dimensiones de la acción pública. La gobernanza como categoría analítica se analiza a partir de tres niveles: el primero, se basa en la relación entre el Estado y la sociedad, y el segundo versa sobre el carácter de la democracia liberal que transita hacia una de tipo deliberativa; mientras que el tercer nivel plantea una transición de las formas tradicionales de gobierno que pasan de tener un carácter vertical a uno más horizontal.

La gobernanza territorial es definida como una práctica/proceso de organización de las múltiples relaciones que caracterizan las interacciones entre actores e intereses diversos presentes en el territorio (Dasí, 2011). En este sentido, un aspecto en el que se coincide en las discusiones sobre Inteligencia Territorial es en la relevancia dada al desarrollo más allá de su dimensión económica, ya que la definición de IT trata de poner los recursos a disposición de los actores (Perea-Medina, 2018).

El actual debate sobre la inteligencia territorial reside en la cuestión de si la Inteligencia Territorial es o no una ciencia. Diversos autores (Frediani, 2012; Devillet, 2008; Masselot, 2013; Sánchez, 2013 en Perea–Medina, 2018) proponen que la inteligencia territorial es un enfoque científico debido a su carácter multidisciplinar, mas no una ciencia. En esta postura se coloca la presente investigación tomando como referencia la siguiente definición:

> La inteligencia territorial es un enfoque científico colectivo de movilización de las inteligencias dentro de una región para así, mejorar el bienestar individual y aumentar la resiliencia del territorio en el marco del desarrollo sostenible. Es un enfoque transversal que involucra la consideración de todos los sectores de actividad y la movilización de los actores del territorio e investigadores institucionales interdisciplinares....

Asimismo, González Arellano (2014) profundiza en la asociación entre la inteligencia territorial y la observación colectiva, quien expone y analiza la utilidad de este término para definir los procesos de cocreación utilizando el estudio de caso de 314 observatorios territoriales de índole gubernamental, académica, ONG y OSC, organizaciones supranacionales, entre otras. En tanto la Inteligencia Territorial se define como un enfoque que contempla la coproducción del territorio a partir de la gestión de la información y se orienta a favorecer el reconocimiento y desarrollo de habilidades y competencias tales como la autoconciencia, la memoria colectiva, la anticipación, toma de decisiones y gestión de conflictos (González Arellano, 2014: p. 94).

Los antecedentes respecto a la Inteligencia Territorial, remite mucho a la consideración de observatorios territoriales, muchos de ellos pensados *a priori* para su establecimiento en el cual se estipulan tipología territoriales para analizar fenómenos y estructuras de una región (Dasí, 2011; Almasa, 2010). Sin embargo, pocas veces se analiza la construcción de Sistemas de Inteligencia Territorial que se construyen de abajo hacia arriba o mejor dicho de manera orgánica.

El presente texto parte del reconocimiento de los elementos potenciales para esta Inteligencia Territorial para reconocer que existen elementos de inteligencia territorial desde una perspectiva "de a pie" en el quehacer colectivo de grupos y movilizaciones sociales, más que de esfuerzos técnicos de toma de decisión y análisis académico. El reconocimiento de estos elementos, permite identificar áreas de oportunidad para potenciar los repertorios de acción colectiva con los que los grupos de la sociedad cuentan, sobre todo aquellos que derivan de iniciativas alternativas a las que brinda el Estado, como es el caso de los grupos o colectivos de búsqueda de desaparecidos.

En este sentido se retoman varios elementos de lo planteado por González Arellano (2014) respecto a la relevancia de la Inteligencia Territorial, en particular: el reconocimiento generalizado que se le asigna a la información y la comunicación en la era de la información; las transformaciones socioecológicas ocurridas en escala global en los últimos treinta años —de diversos tipos: políticas, económicas, ambientales, tecnológicas—, entre ellas el fenómeno del crimen organizado y sus impactos territoriales, como lo es el fenómeno de la desaparición forzada; y finalmente, la importancia del territorio como espacio de apropiación de recursos materiales y simbólicos, así como construcción identitaria, en este caso, la construcción de nuevos imaginarios del territorio a partir de los cursos de acción de los colectivos de búsqueda de desaparecidos.

PROPUESTA METODOLÓGICA

La propuesta metodológica para este trabajo descansó sobre la idea de Inteligencia Territorial[3] que se concibe como la coproducción del territorio a partir de la gestión de la información, orientada a favorecer el reconocimiento y desarrollo de habilidades y competencias tales como la autoconciencia, la memoria colectiva, la anticipación, toma de decisiones y ges-

---

3 Un antecedente a este concepto es el de inteligencia colectiva la cual se define como un conjunto de atributos cognitivos que comparte un colectivo y que permite, mediante una serie de prácticas, disminuir la incertidumbre ante un problema o la necesidad de una innovación (González Arellano, 2014: p. 93).

ción de conflictos (González Arellano, 2014: p. 94). Para ello se retoma el modelo propuesto por Guzmán (2013: p. 80) en donde se identifican los procesos de producción del conocimiento y aprendizaje territorial.[4] Se trata de una metodología de corte mixto-descriptivo, utilizando variables cuantitativas y cualitativas para identificar la percepción de seguridad y organización comunitaria.

Se trabajó con los grupos de búsqueda ubicados en las regiones centro y sur del estado, principalmente, en las ciudades de Culiacán y Mazatlán, con los colectivos Sabuesos Guerreras A.C. de Culiacán (zona centro) y Colectivo Tesoros Perdidos Hasta Encontrarlos de Mazatlán (zona sur).

La delimitación temporal contempla el periodo a partir del año 2014, que es el año más antiguo en el que se registran actividades en colectivo por parte de los grupos de búsqueda de víctimas de desaparición forzada en Sinaloa, hasta el año 2021.

El trabajo se estructuró a partir del método analítico–sintético. Se analizaron los hechos derivados de la desaparición forzada por separado, identificando su materialización en el territorio, por ejemplo, en la presencia de fosas clandestinas, así como sus características físico-territoriales.

A partir de la necesidad de contar con datos confiables y congruentes que permitan analizar el panorama de la violencia en Sinaloa, la metodología partió del conocimiento colectivo y sus componentes explícitos, es decir, aquellos que son fáciles de codificar, registrar o transmitir; así como de los componentes implícitos, que son adquiridos a partir de la interacción entre individuos, la observación y el "aprender haciendo" (Bastian, 2006 en Guzmán, 2013); se propone desarrollar una estrategia

---

4 En cuanto a los procesos de productividad de conocimiento, se trata del acopio y transformación de los conocimientos e innovaciones, mientras que los procesos de aprendizaje territorial implican la conformación de un ecosistema de conocimiento y la ampliación de posibilidades territoriales para la innovación.

de sistematización de datos e información que facilite la generación de nuevos conocimientos colectivos para los procesos de paz y justicia en Sinaloa. En función de ello, el trabajo de campo se enmarca dentro de tres aspectos que se consideran transversales para el análisis:

- Fortalecimiento de capacidades: se define como el fortalecimiento del conocimiento, las destrezas, las habilidades y el comportamiento para ayudar a las personas y a las organizaciones a lograr sus objetivos. En este caso, se busca además que dichas habilidades les permitan continuar su labor de manera autónoma y contribuya a reducir riesgos derivados de sus actividades cotidianas.
- Mapeo colectivo: práctica y acción de reflexión en la cual el mapa es una de las herramientas que facilita el abordaje y la problematización de territorios sociales, subjetivos y geográficos, que aunado a otros soportes gráficos y visuales apoyados en dinámicas lúdicas, se articulan para impulsar espacios de socialización y debate que se posicione como un punto de partida apropiado que construya conocimiento, potenciando la organización y elaboración de alternativas emancipatorias (Iconoclasistas, 2013).
- Inteligencia territorial: entendida a partir de la conjunción entre las herramientas que brinda la tecnología tales como los Sistemas de Información Geográfica y la visibilización de los conocimientos tácitos o implícitos de los grupos de búsqueda, cuyas actividades constituyen un aprendizaje de tipo "aprender-haciendo" de base territorial.

A su vez, este tercer aspecto comprende cuatro elementos brindados por González Arellano (2014) que se consideran relevantes para el caso de estudio:

1. Observación: acción deliberada de transformar señales del entorno para extender su comprensión.

2. Memoria: referentes evocados y compartidos por una colectividad, con soportes materiales e inmateriales.
3. Anticipación: capacidad de las colectividades para la construcción de escenarios.
4. Decisión-negociación: requiere de la articulación y valoración de información, gestión adecuada e identificación de potencialidades.

El trabajo de campo se estructuró a través de talleres con cada colectivo de búsqueda en el que se buscó sistematizar información, así como propiciar la reflexión colectiva de sus participantes. A través de mapeos colectivos y entrevistas semiestructuradas los grupos de búsqueda describieron los hallazgos de las fosas, sensaciones que experimentaron al encontrarlas, así como las características físicas y dificultades para llegar a estas.

Los instrumentos o herramientas que fueron empleados a través de la técnica seleccionada, varían de acuerdo con las distintas etapas y objetivos del proyecto, así como a los acuerdos con los que se trabajará en cada uno de los grupos de búsqueda.

El diagrama a continuación muestra las etapas de trabajo con las respectivas herramientas que se emplearán, así como su integración en función de los objetivos particulares y los resultados esperados de las mismas.

Objetivos particulares	Etapa del proyecto	Herramientas empleadas	Resultado esperado
1. Visibilizar y recopilar los conocimientos territoriales.	Primera etapa, finalizando el 30 de octubre de 2022	Cuestionario guía Mapeo Mesa de trabajo	Reporte de resultados del mapeo y mesa de trabajo
2. Construir de manera conjunta una base de datos de lugares de búsqueda y/o fosas clandestinas Sinaloa.			

<table>
<tr><td>3. Brindar herramientas para el análisis territorial que fomente la reflexión al interior de los grupos de búsqueda.</td><td rowspan="2">Segunda etapa</td><td>Talleres de uso de herramientas de sistematización geográfica</td><td>Reporte de actividades de los talleres.</td></tr>
<tr><td>5. Definir las variables para conformar una base de datos de desaparecidos.</td><td>Minería de datos</td><td>Metadatos de las bases de datos.</td></tr>
<tr><td>4. Identificar la información oficial existente en materia de desaparición forzada en Sinaloa.</td><td>Tercera etapa</td><td>Revisión documental</td><td>Descriptores de las variables.</td></tr>
<tr><td>6. Desarrollar análisis territoriales en cartografía a partir del cruce de la información recabada.</td><td>Primera y tercera etapa</td><td>Análisis SIG</td><td>Mapeo de un análisis simple y un análisis cruzado por zona.</td></tr>
</table>

Para esta primera etapa se optó por elaborar tres tipos de talleres con los grupos de búsqueda, además de distintas reuniones y entrevistas informales en las que fue posible hablar en detalle de las experiencias en los ejercicios de búsqueda y las dificultades enfrentadas. Estos talleres se describen de la siguiente manera:

Taller tipo 1: Pre-identificación de datos

> Consiste en una entrevista semiestructurada con la cual se revisaron el estatus de la información del grupo de búsqueda respecto a las fosas clandestinas con el objetivo de verificar la calidad de la información con la que cuenta cada colectivo, las posibilidades de sistematización y las necesidades de cada zona.

Taller tipo 2: Mapeo colectivo

Corresponde a un levantamiento de datos en un mapa con delimitación preestablecida con variables predefinidas. El taller se dividió en las actividades siguientes:

1. Identificación y ubicación de fosas clandestinas de las que no se cuenta información geográfica previa.
2. Caracterización de las fosas con ayuda de cuestionario guía, proyector y herramientas de mapeo colectivo.
3. Mapeo y reflexión sobre peligros, sensaciones y dificultades a la hora del trabajo con fosas.
4. Mesa de trabajo sobre amenazas, fortalezas, retos y oportunidades en el trabajo con fosas clandestinas.

Taller tipo 3: Uso de herramientas de mapeo

El tercer taller tuvo como objetivo enseñar sobre el uso de herramientas de geolocalización de uso libre para la sistematización y visualización de datos, como Google Earth Pro y Google My Maps, con el fin de que las integrantes de los grupos adopten métodos para dar un seguimiento a la base que les permita visualizar fácilmente la información que generen en lo subsecuente. Dentro de este taller también se les introdujo al uso de variables geoestadísticas para un mayor detalle de la información.

Al finalizar cada taller se le otorgaba a cada colectivo los resultados en físico y en digital de su ejercicio. En el caso de Sabuesos Guerreras A.C., manifestaron el interés de incorporar el ejercicio y el resultado digital en su actuar cotidiano, mientras que, en el caso del colectivo Tesoros Perdidos de Mazatlán, aunque se les hizo entrega de los resultados en ambos formatos, no consideraron necesario llevar a cabo una capacitación de herramientas TIC, puesto que, señalaron que, a diferencia de Sabuesos Guerreras A.C., ellas aún no contaban con mapas en físico y consideraban este aspecto como de mayor prioridad.

Además de la entrega de la información, como parte de este último componente se planteó que además de brindar un taller de uso de herramientas espaciales, se ofrecería un acompañamiento posterior a las dudas en el manejo y actualización de la base de datos de fosas. En este caso, la asesoría fue solicitada por Sabuesos Guerreras A.C., sin embargo, no ha sido llevada a cabo por no coincidir en agenda con el colectivo. Sin embargo, un avance importante a decir de esto es la identificación de liderazgos marcados al interior del colectivo, tanto en materia de recolección de información como en su sistematización y resguardo.

Para la primera etapa, se emplea, además, una fase exploratoria en donde se llevaron a cabo los primeros acercamientos de reconocimiento mutuo y establecimiento de mecánica de trabajo. En este se brindó al grupo de Sabuesos Guerreras A.C. una introducción acerca de los alcances del modelo y las características propuestas, que formó parte a su vez de la etapa de pre-identificación de información.

El contacto con el colectivo de Mazatlán se dio vía remota (telefónica) a diferencia del colectivo de Culiacán, el cual se logró de manera presencial. En ambos casos, el acercamiento se logró gracias al acompañamiento de periodistas y activistas que han trabajado con ambos grupos y que a su vez formaron parte del proyecto PRONACES en proyectos de incidencia. Una vez acordada la mecánica de trabajo, se acordó el lugar y fecha en conjunto para llevar a cabo los talleres, los cuales inicialmente se sugirió llevar a cabo en las instalaciones de la Universidad Autónoma de Sinaloa, pero se optó por realizarse en las respectivas oficinas de ambos colectivos.

Posteriormente, se realizó un diagnóstico del territorio utilizando como base la información de fosas clandestinas y el empleo de la técnica de mapeo colectivo. También empleó como herramientas el uso de cuestionario semiestructurado que se planteó como una especie de guía para el ejercicio, así como mapas en físico que se mostraron y herramientas digitales que fueron alimentados en algunos casos de manera simultánea y concertada en los propios talleres.

El último ejercicio de sistematización y presentación a través del uso de herramientas de Sistemas de Información Geográfica y la integración de bases de datos tuvo un menor alcance al presentado inicialmente, sin embargo, se considera que fue fructífero gracias a las distintas utilidades que las propias integrantes de los colectivos señalaron de las herramientas planteadas.

RESULTADOS Y ANÁLISIS

Como parte del trabajo de campo se realizaron distintas reuniones de pre-identificación de datos, un taller de mapeo participativo con cada una de las colectivas seleccionadas y un taller de uso de herramientas de mapeo con Sabuesos Guerreras A.C. Este último colectivo fue el que tuvo mayor contacto con el equipo de trabajo, mismo que nos permitió identificar distintos elementos característicos de la inteligencia territorial.

Se generaron dos capas de información georreferenciada de puntos de búsqueda correspondientes a cada colectivo. En ellos se concentró la información de los hallazgos encontrados, barreras físicas y peligros para la accesibilidad a cada uno. Con esta información se elaboró un mapa dinámico para la visualización rápida de la información. Ambos productos fueron entregados a cada grupo de búsqueda, donde se les informó que dicha información no sería compartida sin su consentimiento explícito, haciéndoles poseedores únicos de su propio conocimiento.

A continuación se muestra un ejemplo de mapa de calor resultado de puntos de búsqueda:

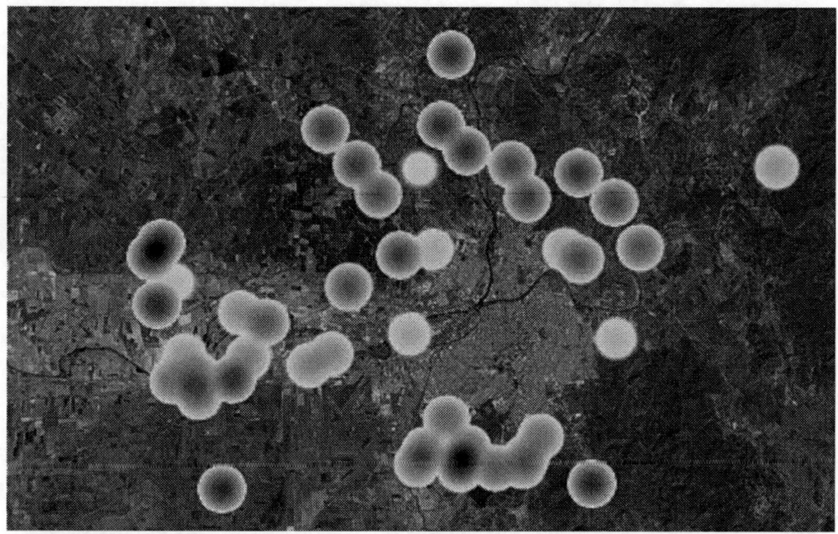

Fuente: elaboración propia con datos del taller de mapeo participativo con colectivo de la ciudad de Culiacán.

Hablando del caso de Sabuesos Guerreras A.C. se identificaron 49 nuevos puntos de los cuales 30 % fueron clasificados como "mapeos", es decir, aquellos definidos por el colectivo como puntos de identificación en donde aún no se encuentran indicios contundentes; 60 % se clasificaron como fosas, es decir, lugares donde se han encontrado hallazgos positivos o comúnmente llamados "tesoros" que corresponden a restos o cuerpos de las personas desaparecidas encontrados bajo tierra o a ras de tierra; y, finalmente, 10 % de otras modalidades de lugares, que se entiende como aquellos en donde se encuentran indicios así como otros *modus operandi* por la forma en la que son encontrados los indicios, tales como autos o casas quemadas y "basurones".

Fotografías del taller de mapeo colectivo

Dentro de los talleres se suscitaron reflexiones que además de constatar los objetivos de la investigación y observar indicios de los cuatro componentes de la inteligencia territorial señalados por González Arellano (2014) (observación, memoria, anticipación y decisión-negociación).

COMPONENTE DE OBSERVACIÓN

Como parte del ejercicio de mapeo participativo se identificó el componente de observación, en ambos casos con algunas ligeras diferencias, que corresponden a la tecnología empleada. En el caso de Sabuesos Guerreras A.C. se presentó el material iconográfico indicando a las participantes, quienes observaban de lejos y de cerca al mapa, ya sea para señalar, observar o comentar algo relacionado con su experiencia. Algunas se apoyaban de fotografías con coordenadas en sus celulares o de puntos marcados en Google Maps para ubicarse.

La identificación de las características de los puntos fue uniforme entre las participantes del taller con Sabuesos A.C., quienes, conforme colocaban puntos de identificación de fosas clandestinas, iban hacían comentarios sobre los hallazgos o características del lugar:

- "Aquí es donde había una huerta de mangos"
- "Ese es el punto en donde encontramos las llaves"
- "Ahí es donde estaba Dayana"

También hacían referencia a su experiencia en estos lugares, ya sea por sensaciones o por acontecimientos relevantes:

- "En Culiacancito nos sacaron a balazos"
- "¿Te acuerdas de ese punto? Fue donde (nombre de compañera del colectivo) se nos puso mala" – haciendo referencia a la sensación de malestar que le provocó una visita al punto al que referían.

Fotografías del taller de mapeo colectivo

Aunque en ambos casos usamos como apoyo la cartografía en físico y la cartografía dinámica (virtual), fue más complicado ubicarse en los puntos en el taller de mapeo con el colectivo Tesoros Perdidos (Mazatlán) que con Sabuesos Guerreras A.C. en Culiacán. Consideramos que ello deriva de un trabajo previo de pre-identificación con Sabuesos, que no se logró, por falta de tiempo con el colectivo de Tesoros Perdidos de Mazatlán. Estas últimas mostraron mayor dificultad para leer la cartografía, ya que no estaban familiarizadas con algunas convenciones cartográficas, por ejemplo, la designación del color azul en representación de cuerpos de agua.

En la segunda parte de cada mapeo, se hizo una reflexión de los puntos identificados y el mapa resultado de cada taller. Se les pidió observar el mapa terminado, como un resultado del ejercicio, a su vez como un resultado del trabajo que realizan en la búsqueda de sus tesoros como una actividad de la que nosotros, como facilitadores del ejercicio no podíamos observar lo mismo que ellas. Se les pidió expresar qué les provocaba o hacía pensar el resultado en el mapa. En ambos casos las respuestas fueron distintas, pero muy reveladoras.

En el caso de Sabuesos Guerreras A.C., en particular destacan dos respuestas: "Todo eso he caminado". Esta respuesta dio cuenta de la dimensión del trabajo que han realizado a lo largo del territorio en el proceso aprender-haciendo, lo cual da cuenta a su vez del cumplimiento del primer objetivo del taller que es la visibilización del trabajo y el aprendizaje colectivo sobre el territorio.

La otra respuesta, fue: "¿En cuál de esos (puntos/fosas) estará mi hijo?". Esta respuesta no solo transmitió una emoción apabullante a quienes facilitamos-percibimos los ojos vidriosos de las participantes al ver el mapa entre unas modestas lágrimas y suspiros. Una reflexión resultado de estas dos respuestas es la doble perspectiva que estas reflejan: una en retrospectiva (el territorio recorrido y conquistado) y otra en prospectiva (la expectativa que las lleva a continuar en colectivo).

Por su parte, el grupo de Tesoros comentó que, a su juicio, tienen pocos puntos aún, sin embargo, que han recorrido mucho, incluso más al sur del estado, puntualizando que han trabajado en Escuinapa. En este caso, la identificación a partir de la observación de lugares no fue tan uniforme como en el caso de Sabuesos, ello derivado incluso de percepciones divergentes de ciertas zonas, como el caso de un punto que resultó en un conflicto interno por diferencias de percepción, en donde una de ellas consideraba que estaban cerca de encontrar algo, mientras que otra, daba la indicación de retirarse por percibir que se encontraban en peligro.

COMPONENTE DE MEMORIA

Un componente destacable en este aspecto fue el uso de la iconografía en ambos talleres. En el caso de Tesoros Perdidos se encuentran referentes como los cercos y su asociación como barreras:

> "Este ícono qué es, es como un cerco ¿no?"
> "Ese ponlo allá por donde acabas de poner un punto, ahí donde rompimos el cerco"
> "Pues, que se sepa que ya somos expertas brincando y rompiendo cercos" (Risas)

Asimismo, en el caso de Sabuesos Guerreras A.C., muchos de los íconos señalados fueron derivados de la pre-identificación realizada con ellas (por ejemplo, la categoría de fosas "al ras de suelo"), aspecto que no fue preparado en el taller con Tesoros, sin embargo, se observaron otras categorías que se podrían plantear como la de fosas en terrenos arenosos y esteros.

Fotografías del taller de mapeo colectivo

La modificación de la iconografía y el empleo de técnicas para identificar patrones espaciales fue diferente en ambos casos. En el caso de Tesoros Perdidos se basaron en clasificaciones un poco menos sistematizadas, a través de *post-it* y el rayado del mapa, además de las categorías brindadas por las iconografías. Por su parte, el caso de Sabuesos, el más exhaustivo, ya que agregaron elementos de mayor detalle tales como monedas, placas de automóviles, entre otros. Del mismo modo, se ubicó la presencia de actores en los puntos de búsqueda, destacando en ambos casos dos tipos: autoridades (policías, comisión de búsqueda, etcétera) y punteros, con una mayor presencia estos últimos.

También se les pidió señalar las zonas en donde se sienten más inseguras, y aunque sí se identificaron algunas zonas, hicieron hincapié que, aunque para ellas no es un problema ir, consideran que para alguien que nunca ha ido sería difícil por el factor miedo: "Nosotras ya no tenemos miedo. Dejamos el miedo hace mucho tiempo cuando nos quitaron nuestros tesoros (Integrante de Sabuesos Guerreras A.C.).

COMPONENTE DE ANTICIPACIÓN

En el ejercicio de análisis de fortalezas, debilidades, amenazas y oportunidades, las integrantes de los ejercicios tanto de Sabuesos A.C. como de Tesoros Perdidos, mostraron algunos indicios de este componente.

Entre los aspectos positivos, coincidieron en que a su vez podrían ser catalogados como valores o principios, tales como la solidaridad, el amor (hacia ellas y hacia sus desaparecidos), la unión y el respaldo mutuo. Entre los negativos señalaron principalmente problemas operativos, particularmente los relacionados con el acceso a los lugares, debido a las condiciones terrestres del lugar o la identificación de barreras tanto físicas, humanas (presencia de punteros, balaceras) y sociales (la falta de empatía y la insensibilidad tanto de autoridades como de la sociedad, reportes falsos, o la edificación en lugares donde hay sospecha de encontrar cuerpos).

Fotografías del taller de mapeo colectivo

Asimismo, durante las actividades para la pre-identificación se constató el uso de estrategias que dan cuenta del componente de anticipación como es el uso de bitácoras durante las búsquedas, el uso de Sistemas de Geolocalización, el reconocimiento de patrones en campo, el trazado de rutas previo a las visitas y la evaluación de los puntos con posibilidad de visita. En este último aspecto, las integrantes señalaban que hacían una evaluación que se asemeja a la "perfilación criminal" en donde ellas trataban de "pensar como los criminales" para valorar la factibilidad, utilidad y peligros de visitar cada punto.

COMPONENTE DE DECISIÓN-NEGOCIACIÓN

Lo señalado anteriormente nos lleva al último componente de la inteligencia territorial, que si bien, para el caso de estudio no es un componente estrictamente sofisticado, en términos de indicadores cuantitativos o estandarizados, sí se plantea observable, debido a las posibilidades de acción que se presentan a partir de la reflexión con las herramientas de mapeo colectivo, así como áreas de oportunidad que se observaron en tanto a los niveles de cooperación al interior y entre colectivos.

Entre las oportunidades de acción, las integrantes de los colectivos mencionaron aspectos normativos, como la modificación de leyes en la edificación que permitan explorar lugares antes de ser modificados, así como la oportunidad de contar con mayor orden en su información, sobre todo debido a la diferencia en antigüedad al interior de los colectivos.

En referencia a lo anterior, una de las integrantes de Sabuesos Guerreras A.C., señalaba que no dimensionaba la cantidad de sitios en donde se ha tenido presencia hasta ver el mapa, lo cual se considera un logro de la herramienta de mapeo colectivo, respecto al objetivo de visibilizar los conocimientos tácitos. Asimismo, el empleo de esta herramienta planteó posibilidades para la toma de decisiones de los colectivos, con un ligero bache. Por un lado, los colectivos comentaron que les gustaría conocer complementariamente la misma información aplicada para otros colectivos, que pudiera ampliar su visión respecto al alcance de su objetivo (encontrar a sus desaparecidos).

Sin embargo, al momento de plantear esta cuestión de manera metodológica, ambos colectivos mostraron reticencia a colaborar con otros grupos de búsqueda y compartir información. En ese sentido, las madres rastreadoras señalaron como más viable la búsqueda de elaborar un repositorio de manera separada de otros grupos o colectivos de madres buscadoras, lo anterior, en función de disparidades en los métodos y posturas que han propiciado rencillas entre los grupos.

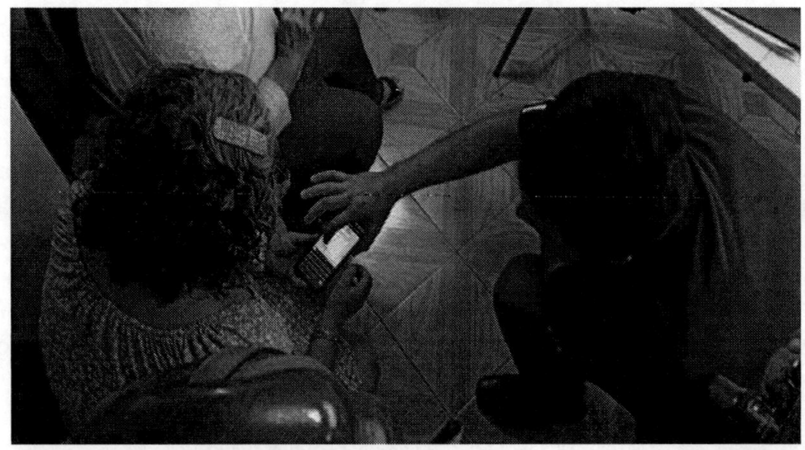

Fotografías del taller de uso de herramientas espaciales

Por otro lado, se considera positivo, que en el caso del taller de uso de herramientas espaciales surgieran comentarios sobre la utilidad de las mismas, en donde incluso una de las participantes planteó algo que se encontraba como parte de la propuesta que es, el cruce de información espacial entre la base de datos de puntos de búsqueda y fosas, y las bases de datos de desaparecidos.

Además de lo anterior, un aspecto que se considera de suma relevancia mencionar, es que el proceso de intervención y la continuidad de los talleres de uso de sistemas de información geográfica, se vieron retrasadas o interrumpidas debido a la conmoción del grupo derivado del asesinado de la madre buscadora Rosario Lilian, del municipio de Elota, municipio cercano a Culiacán. Debido a este acontecimiento, se optó por brindar un espacio de tiempo a las rastreadoras para reponerse del estrés y la angustia que este suceso les provocó.

Ilustración elaborada por Colectivo Taller de Gráfica Popular Juan Panadero

A pesar de este espacio brindado, en el marco de las visitas realizadas al colectivo de Sabuesos Guerreras A.C., integrantes del colectivo comentaron los hechos con quienes además de

lamentar el hecho y movilizarse en las calles para denunciarlo, señalaron al equipo de trabajo, el desgaste emocional y el desconcierto que significaba para ellas sentirse identificadas en cuanto a la vulnerabilidad de ser mujeres transgrediendo territorios complejos y riesgosos. Este es otro aspecto que interpela fuertemente la labor del equipo a cargo del trabajo de campo.

CONCLUSIONES

El objetivo general de la propuesta del Sistema de Información de Desaparecidos era el de construir un modelo de información territorial para uso de las organizaciones sociales dedicadas a la búsqueda de familiares víctimas de desaparición forzada en el estado de Sinaloa. Si bien, esta primera etapa solamente abarcó la generación de una base de datos, se considera que este primer ejercicio destacó elementos que dan pauta a la posibilidad de generar mayor información cada vez con mayor grado de detalle para uso y gestión de las organizaciones.

En cuanto a los objetivos particulares, se cumplió con la parte de visibilizar y recopilar los conocimientos territoriales tácitos o implícitos de las organizaciones de base comunitaria dedicadas a la búsqueda de víctimas de desaparición forzada en Sinaloa, así como la de construir de manera conjunta a las organizaciones sociales una base de datos con criterios semiunificados de lugares de búsqueda y/o fosas clandestinas en el estado de Sinaloa.

Se considera que, a través de los talleres se propició la reflexión y los grupos de búsqueda se hicieron más conscientes de su propio conocimiento territorial, lo que les llevó a reflexionar sobre el arduo trabajo que han realizado en colectivo, esta vez considerando el amplio territorio que han abarcado a través de sus actividades y búsquedas y el camino a recorrer. Asimismo, se avanzó en brindar herramientas para el análisis territorial que fomente la reflexión al interior de los grupos de búsqueda, así como aquellas de carácter más técnico, las cuales es necesario reforzar a través del seguimiento a la adopción de las herramientas TIC en el día a día de los colectivos.

Por otro lado, también se encontraron dificultades de la actividad en colectivo, que si bien, no son exclusivas de los colectivos de grupos de búsqueda de desaparecidos, la sensibilidad del tema y la condición de vulnerabilidad en la que se encuentran estos grupos llama la atención e interpela a quienes ejecutamos el trabajo de campo respecto al papel mismo de las y los investigadores a la hora de llevar a cabo este tipo de ejercicios con colectivos de víctimas como son los grupos de búsqueda de desaparecidos.

Lo anterior plantea a su vez una discusión necesaria en torno al concepto de inteligencia territorial más allá de espacios controlados y de generación de información consensuada como son los observatorios territoriales, en contraposición a espacios como los colectivos de búsqueda de desaparecidos que se encuentran en constante lucha y construcción del territorio que dificulta la adopción de estrategias de inteligencia territorial, a pesar de que estas se generen de manera orgánica.

Se considera que es necesario desde la técnica y la academia adaptar las herramientas al alcance de estos entornos a través de intervenciones que se adapten a las necesidades, capacidades, estrategias y saberes de los propios grupos con los que se trabaja, puesto que de ello depende la adopción de estos en la labor cotidiana de los grupos.

No obstante, se considera también, que los retos asociados a cuestiones técnicas como la interpretación cartográfica o el uso de herramientas TIC, son menores a los retos asociados a la dificultad de enfrentarse a territorios inciertos, con peligros asociados a la criminalidad y con la indiferencia o la revictimización de parte del Estado y la sociedad.

La particularidad de llevar a cabo procesos de aprendizaje y accionar con el dolor es justamente lo que los hace diferentes y únicos frente a los referentes anteriormente señalados.

Fotografías en medios de comunicación

Este dolor se expresa en los ejercicios de mapeo colectivo y en las distintas actividades de intervención como intentos de sanación de heridas colectivas que tienen su manifestación, tanto en el territorio como en los cuerpos y en las emociones. De ello destaca a su vez, la necesidad de valorar otros componentes como la inteligencia emocional expresada en acciones de autocuidado colectivo como la organización, los cuidados, la solidaridad y el acompañamiento como formas de resistencia.

Referencias bibliográficas

Almasa Maza, B. (2011). "Inteligencia Territorial para una Redefinición Eficiente de las Políticas Públicas". TRABAJO. *Revista Iberoamericana* De Relaciones Laborales, 23. https://doi.org/10.33776/trabajo.v23i0.959

Arellano, S. G. (2014). "Inteligencia territorial y la observación colectiva". *Espacialidades,* 4(2), 89-109. Recuperado en: https://www.redalyc.org/pdf/4195/419545122004.pdf

Arellano S. G. (2021). "De la Inteligencia Territorial: Algunas ideas generales sobre la Inteligencia Territorial". "Bitácora Urbana" https://salomongonzalez.com/inteligencia-territorial

Bozzano, H. (2012). "El territorio usado en Milton Santos y la inteligencia territorial en el GDRI INTI : Iniciativas y perspectivas". XI INTI International Conference La Plata, 17 al 20 de octubre 2012, La Plata. Argentina. Inteligencia territorial y globalización: Tensiones, transición y transformación. Disponible en: https://www.memoria.fahce.unlp.edu.ar/trab_eventos/ev.2636/ev.2636.pdf

Bozzano, H. R. (2013). "Geografía e inteligencia territorial". Geo-grafein, geo-explanans, geo-transformare. IGUNNE; *Revista Geográfica Digital*; 10; 19; 6-2013; 1-24. Disponible en: https://ri.conicet.gov.ar/handle/11336/4969?show=full

Bozzano, Horacio (2013) "La geografía, útil de transformación: El método Territorii, diálogo con la Inteligencia Territorial". *Campo-Território,* 8 (16) : 448-479. Disponible en: https://www.memoria.fahce.unlp.edu.ar/art_revistas/pr.10564/pr.10564.pdf

Chhotray, V., Stoker, G. (2009). "Governance in Development Studies". In: *Governance Theory and Practice.* Palgrave Macmillan, London. https://doi.org/10.1057/9780230583344_5

Dasí, F. (2011). "J. Inteligencia Territorial para la planificación y la gobernanza democráticas: Los observatorios de los territorios". *Rev. Proyecc,* 5, 45-69. Recuperdo en https://bdigital.uncu.edu.ar/objetos_digitales/13544/03farinos-proyeccion11.pdf

Girardot, J.-J. (2011). "Inteligencia Territorial y Transición Socio-Ecológica". TRABAJO. *Revista Iberoamericana De Relaciones Laborales*, 23. https://doi.org/10.33776/trabajo.v23i0.956

Guzmán Peña, A. R. (2013). "Propuesta de un modelo de inteligencia territorial". *Journal of technology management & innovation*, 8, 36-36. Recuperado en: https://www.scielo.cl/scielo.php?script=sci_arttext&pid=S0718-27242013000300036

Harvey, D. (1989). "From managerialism to entrepreneurialism: the transformation in urban governance in late capitalism". *Geografiska Annaler: series B, human geography*, 71(1), 3-17. Recuperado en https://www.tandfonline.com/doi/abs/10.1080/04353684.1989.11879583

Iconoclasistas, C. (2013). *Manual de mapeo colectivo. Recursos cartográficos críticos para procesos territoriales de creación colaborativa.* Buenos Aires: Editorial Tinta y Limón. Recuperado en: https://geoactivismo.org/wp-content/uploads/2015/11/Manual_de_mapeo_2013.pdf

Ortoll, E. (2012). "Inteligencia territorial: iniciativas y modelos". *Revista de los Estudios de Ciencias de la Información y de la Comunicación*, 9. Recuperado en https://comein.uoc.edu/divulgacio/comein/es/numero09/articles/Article-Eva-Ortoll.html#:~:text=De%20acuerdo%20con%20CAENTI%2C%20la,impulsar%20un%20desarrollo%20territorial%20sostenible.

Perea-Medina, M. J., Navarro-Jurado, E., & Luque-Gil, A. M. (2018). "Inteligencia territorial: conceptualización y avance en el estado de la cuestión. Vínculos posibles con los destinos turísticos". *Cuadernos de Turismo*, (41).